성경을

어떻게 공부할 것인가

성경을
어떻게
공부할 것인가

로버트 M. 웨스트 지음 | 박민희 옮김

드림북

목차 🍇

서론

여러분은 성경을 공부할 때 수많은 사람이 수 세기 동안 깨달았던 것, 곧 여러분은 살아계신 하나님의 말씀을 읽고 있다는 것을 알게 될 것이다. 과거에는 하나님이 특별한 종들에게 들을 수 있는 음성으로, 환상으로, 꿈으로 말씀하셨다. 오늘날에는 전 인류를 위한 하나님의 계시의 주된 방법은 하나님의 기록된 말씀이다. 1,500년에 걸쳐 성령은 3개의 대륙에 살고 있던 하나님의 거룩한 사람들 40명에게 명하셔서 하나님의 말씀을 기록하게 하여 66권이 되게 하셨다. 이 저작들은 보존되고 수집되어 우리가 성경으로 알고 있는 한 권의 책이 되었다.

비록 사람들이 성경을 기록했을지라도, 성경 자체는 하나님이 그것의 궁극적인 근원이라고 말한다. 디모데후서 3장 16절은 "모든 성경은 하나님의 감동으로 된 것"이라고 말하는데, 그것은 문자적으로 하나님이 그것을 입 밖에 내셨다는 것을 의미한다.

신약은 성경에 몇 가지 해설 제목을 부여하는데, 하나님의 말씀, 하나님의 경고(oracles), 그리스도의 말씀, 성경, 진리의 말씀 그리고 생명의 말씀이 그것들이다. 성경을 공부할 때에 우리는 거룩하고 참된 하나님의 말씀을 공부하는 것인데, 그것은 영원한 생명의 지식을 포함한다.

데살로니가 사람들은 사도 바울이 자신들에게 설교와 글로 하나님의 말씀을 제공하고 있다는 것을 인정했다(그들은 사도 바울로부터 두 개의 서신을 받았는데, 그것들은 성경의 일부가 되었다). 데살로니가전서 2장 13절은 "이러므로 우리가 하나님께 끊임없이 감사함은 너희가 우리에게 들은 바 하나님의 말씀을 받을 때에 사람의 말로 받지 아니하고 하나님의 말씀으로 받음이니"라고 말한다.

오래전에 내가 고등학생이었을 때, 나의 독서 실력은 좋지 않았다. 나에게는 내가 읽는 것을 이해하고 기억하는 데 어려움이 있었다. 나중에 내가 하나님이 기록된 말씀을 통하여 내게 말씀하신다는 것을 깨달았을 때, 나는 하나님과 그분의 진리를 알기 원한다면 나 자신을 드려서 그분의 말씀을 공부해야 한다는 결론을 내렸다. 나는 벌써 오랫동안 성경을 공부해 왔는데 성경을 사랑하는 헌신적인 그리스도인들의 격려를 받으면서 그렇게 해 왔다.

많은 그리스도인이 그런 결정을 해 왔고, 실제로 모든 사람이 하나님의 말씀을 공부할 때 받게 되는 커다란 신령한 복을 증언할 것이다. 벌써 30년 이상 성경을 공부하고 가르쳐 왔기에, 나는 다른 사람들이 내게 가르쳐주었던 것뿐만 아니라 나 자신의 경험을 통해 내가 배운 것을 나눌 것이다.

나는 여러분이 이 책을 읽음으로써 용기를 얻어 하나님의 말씀을 배우고 하나님이 여러분에게 주시는 특별한 복을 받으면서 하나님께 가르침을 받는 그런 신자 중의 한 사람이 되기를 바라고 또 기도한다.

만일 여러분이 기독교 신앙에 초보자라면, 여러분은 이 책에서 여러 유익한 점을 발견하게 될 것이다. 만일 여러분이 그리스도인이 된 지가 좀 되었음에도 개인적으로 성경공부를 하는 데 어려움을 겪었다면, 여러분의 삶의 이 부분에서 승리하도록 격려와 도전을 받게 될 것이다. 만일 여러분이 성경공부에서 인정받는 성숙한 신자로서 이 책을 읽고 있다면, 나의 목적은 여러분을 고무하는 것, 곧 여러분이 이미 배운 것을 떠올리고 다른 사람들을 도와서 하나님의 진리를 공부하는 법을 배우도록 하는 것이다. 여러분의 삶에서 만나는 사람들은 하나님이 여러분에게 가르치신 것을 배울 필요가 있고, 여러분은 자신들을 도와줄 한 사람을 보내 달라고 기도하는 사람들에게 하나의 응답이 될 수 있다.

어떤 사람들은 삶이 너무 바쁘거나 성경을 공부하는 것이 너무 어렵다고 말하면서 성경공부를 하지 않는 것을 정당화한다. 죄와 싸우는 다른 사람들은 내가 처음 그리스도인의 삶을 시작할 때 그랬던 것처럼 정확히 그것은 죄를 깨닫게 하기에 읽을 수 없다고 정직하게 인정할 것이다. 부디 변명은 그만하고 하나님의 말씀을 공부하라.

예수님은 성경을 배우고 그대로 사는 것은 우리의 삶을 위한 하나님의 뜻이라는 것을 분명히 하셨다. 예수님은 이렇게 말씀하셨다. "사람이 떡으로만 살 것이 아니요 하나님의 입으로부터 나오는 모든 말씀으로 살 것이라"(마 4:4). 성경공부는 그저 해야 할 멋진 것이 아니라 우리의 삶에 필수적인 것이다!

성경공부를 위해 마음을 준비하기

"하나님의 말씀은 살아 있고 활력이 있어
좌우에 날선 어떤 검보다도 예리하여
혼과 영과 및 관절과 골수를 찔러 쪼개기까지 하며
또 마음의 생각과 뜻을 판단하나니."

(히 4:12)

성경을 공부하는 법을 배우고 싶어 하는 사람들이 종종 묻는 물음이 있다. "내가 어디에서 시작하죠?"라는 물음이다.

그것은 좋은 물음이지만, 그 대답은 뜻밖이라고 여길지도 모르겠다. 우리는 실제로 우리 자신과 함께 시작한다. 우리는 성경을 공부하기 위해서 우리의 마음(heart)을 준비한다.

인생의 많은 활동은 준비가 필요하다. 만일 우리가 운동을 하려면, 우리는 먼저 부상을 피하기 위해서 우리의 근육을 긴장시켜야 한다. 만일 우리가 집 여기저기를 손보려면, 우리는 먼저 그 일에 필요한 연장과

재료를 모아야 한다. 만일 우리가 여행을 떠나려면, 우리는 먼저 반드시 우리의 차를 알맞게 정비해 두어야 하고 우리에게 필요한 모든 짐을 싸야 하며 좋은 지도가 있어야 한다.

우리는 사전에 아무런 준비도 하지 않고 그냥 뛰어들 수 있다고 생각하고 싶을지도 모른다. 그러나 우리는 모두 준비를 하지 않으면 무슨 일이 생길지 경험을 했다. 문제와 실망이다.

성경을 공부하는 데도 약간의 준비가 필요하다. 그렇게 함으로써 우리는 공부하면서 유익한 시간을 가질 수 있고 또 우리를 낙담시켜 포기할 마음이 생기게 할지도 모르는 문제들을 피할 수 있다. 나는 우리의 마음에 초점을 맞추는 개인적인 준비에 관해 말하고 있다. 이것은 쉽게 간과할 수 있는 것이며, 만일 그것을 다루지 않는다면 매일 성경공부를 그만두는 원인이 된다.

성경은 빈번하게 마음이란 말을 비유적인 의미로 사용한다. 신체의 심장이라기보다는 우리 존재의 가장 깊숙한 부분, 곧 우리의 사고, 감정 그리고 의지를 나타낸다. 주님께 관심을 갖게 하는 것은 바로 우리의 마음이다. 선지자 사무엘이 이스라엘의 미래 왕에게 기름을 부으려고 준비할 때, 주님은 그에게 이렇게 말씀하셨다. "사람은 외모를 보거니와 나 여호와는 중심(heart)을 보느니라"(삼상 16:7).

우리는 개인 성경공부에 관해 생각할 때 우리의 관심을 끄는 수학, 과학, 역사 또는 그 밖의 다른 과목과 같은 또 하나의 지적 훈련으로 간주하지 않아야 한다. 이런 과목들을 공부할 때는 마음이 아니라 지성이 관여한다. 하나님은 우리가 우리의 지성을 사용하여 그분의 말씀에 대한 우리의 지식을 늘리기를 원하시지만, 또한 그분의 말씀의 능력이 우리의 마음에 영향을 주고 또 우리의 삶이 변화를 받아 더욱 그리스도의 삶을 닮도록 의도하신다.

예수님은 제자들을 위해 "그들을 진리로 거룩하게 하옵소서 아버지의 말씀은 진리니이다"(요 17:7)라고 기도하실 때 삶의 변화에 대한 관심을 표명하셨다.

부활하신 주 예수님이 자신들과 함께 엠마오 도상에서 걸어가실 때 그분을 알아보지 못했던 두 제자 이야기는 마음이 하나님의 말씀을 배우는 것과 관련되어 있음을 경험적으로 보여주는 실례이다. 그들이 예수님과 함께 걸어갈 때, 예수님은 구약성서의 모든 부분에 나오는 자신에 관한 것을 가르치기 시작하셨다. 그날 저녁에 그들은 자기들이 경험한 것을 회상하면서 서로에게 이렇게 말했다. "길에서 우리에게 말씀하시고 우리에게 성경을 풀어 주실 때에 우리 속에서 마음이 뜨겁지 아니하더냐"(눅 24:32).

이 두 제자는 예수님의 십자가에서의 죽으심이 예수님의 패배와 끝을 의미한다고 생각했는데, 그로 인해 그들의 마음은 어리둥절했고 낙담이 되어 있었다. 그들이 마침내 예수님을 알아보고 예수님이 그들에게 보이지 않게 되었을 때, 그들은 어떻게 그들의 마음이 영적 갱신과 자극으로 뜨겁게 되었는지 깊이 생각했다. 그들이 경험한 영적 가슴앓이는 좋은 것이었다!

성경을 공부할 때 우리의 지성과 우리의 마음을 준비하고 서로 관련시키면, 하나님의 말씀에 쏟는 우리의 시간은 즐겁고 아주 신이 나게 된다.

사람들은 좋은 스터디 바이블을 가질 수 있고 많은 유익한 연구서를 가질 수 있고 많은 권장된 방법을 따를 수 있으며 집중할 수 있는 조용한 장소를 가질 수 있지만, 그럼에도 여전히 성경에 쏟는 시간에서 영적으로 유익을 얻지 못할 수 있다. 왜냐하면 그들의 마음이 그 과정에 관여할 준비가 되어 있지 않기 때문이다. 그들의 초점은 그저 지적 성장에만 맞추어지고 영적 성장에는 맞추어지지 않을 것이다.

예수님 당시의 종교 지도자들, 곧 서기관들과 바리새인들은 이러한 잘못을 저질렀다. 그들은 위선이라는 심각한 마음 상태를 가지고 있었다. 예수님은 그들을 이렇게 묘사했다. "이 백성이 입술로는 나를 공경하되 마음은 내게서 멀도다"(마 15:8).

그들은 믿음과 하나님의 말씀에 대한 순종을 통해 하나님 앞에서 자기들의 마음을 바르게 갖는 것에 관심을 갖기보다는 자기들의 인위적이고 외적인 종교 규칙들에 더 관심을 갖는, 습관적으로 종교 활동을 하는 그런 사람들이었다. 예레미야 17장 9절에서 "만물보다 거짓되고 심히 부패한" 것으로 묘사되는 인간의 "마음"은 하나님의 주요 관심사이다.

이 장은 히브리서 4장 12절의 말씀으로 시작했다. 이 구절의 문맥은, 하나님은 우리 모두에 관해 모든 것을 알고 계심을 밝혀준다. 우리가 하나님의 말씀을 읽을 때, 그것은 엑스선 기계나 흉부 감시 장치의 역할을 하면서 하나님이 우리의 마음에서 보시는 것을 우리에게 드러내 준다. 하나님이 우리를 보시는 것처럼 우리 자신을 보자. 하나님의 말씀은 우리의 마음을 드러낸다. 그러므로 우리는 그것을 바로잡아야 한다(히 4:13).

서기관들과 바리새인들 대부분은 마음의 문제를 다루는 것을 등한시했지만, 구약의 제사장 에스라는 "여호와의 율법을 연구"(스 7:10)할 마음의 준비를 했다. 그것이 우리가 성경공부를 시작하면서 해야 할 일이다.

나는 우리의 마음의 준비를 하는 것은 두 가지를 의미한다고 제안한다. 첫째로, 우리는 하나님의 말씀에 의존적으로 접근할 필요가 있다. 둘째로, 우리는 하나님의 말씀에 목적을 가지고 접근할 필요가 있다.

의존적으로

1. 성령에 의존하라

성경을 공부하기 시작하는 많은 사람이 머지않아 "나는 도움이 필요합니다!"라고 말할 것이다. 그것은 아주 잘한 결정이다. 우리는 모두 도움이 필요하며 우리를 돕는 분은 하나님이다. 하나님은 우리에게 말씀을 주셨을 뿐만 아니라 그것을 이해하도록 우리를 도우신다. 전문적인 용어로 이러한 도움을 조명이라고 한다. 신약에는 사람들의 마음을 조명하시는 하나님의 역사를 묘사하는 구절이 많이 있다.

어느 날, 예수님은 아버지 하나님이 구원받을 사람들의 삶에서 역사하시는 것에 관해 사람들에게 가르치셨다. 예수님은 구약을 인용하시면서 이렇게 말씀하셨다. "선지자의 글에 그들이 다 하나님의 가르치심을 받으리라 기록되었은즉"(요 6:45). 주님을 알게 된 사람들은 자신들의 잃어버리고 죄 많은 상태를 이해하고 또 그리스도가 자신들의 문제에 대한 해결책이라는 것을 깨닫게 하는 하나님의 조명하시는 사역을 자신들의 지성과 마음으로 경험했다.

바울이 다음과 같이 말했을 때 그것은 조명에 관한 말씀이었다. "육에 속한 사람은 하나님의 성령의 일들을 받지 아니하나니 이는 그것들이 그에게는 어리석게 보임이요, 또 그는 그것들을 알 수도 없나니 그러한 일은 영적으로 분별되기 때문이라"(고전 2:14).

육에 속한 사람은 구원받지 못한, 그래서 내주하시는 성령이 없는 사람을 말한다. 이러한 상태에 있는 사람들은 복음 메시지를 거부하며 그것을 어리석은 것으로 여긴다. 죄, 범죄(guilt), 용서, 은혜 그리고 구원과 같은 주제들은 그들에게 타당하지 않으며 개인적으로 중요하지도 않다. 그들에게는 그리스도와 그분의 말씀에 대한 관심, 이해, 신뢰 또는 감사가 없다. 왜냐하면 그들의 마음에서는 하나님의 영이 역사하지 않기 때문이다. 그리스도의 말씀은 단순히 지적 수준에서가 아니라 영적 차원에서 이해되어야 한다.

사도들도 이해를 하는 데는 신적 도움이 필요했다. 부활하신 주 예수님은 하늘로 다시 가시기 전에 그들이 구약을 이해할 수 있도록 도우셨다. "이에 그들의 마음을 열어 성경을 깨닫게 하시고"(눅 24:45). 비록 그들이 살아오는 동안 내내 성경을 배웠을지라도, 그들은 하나님의 말씀이 예수님에 관해 예언한 모든 것을 이해하지는 못했다. 그들은 결국 이해를 위해 예수님의 도움이 필요했다.

사랑받는 찬송 "나 같은 죄인 살리신"을 지었던 존 뉴턴(John Newton)은 그 노래 가사에서 이렇게 썼다. "잃었던 생명 찾았고 광명을 얻었네." 그는 영적으로 잃어버린 사람으로서 성경의 진리를 이해하지 못했던 자신의 경험에 대해서 말하고 있다. 그는 하나님의 은혜로 구원을 받게 되었을 때 영적으로 눈이 멀어 보지 못하던 것을 치유 받음으로써 "광명을 찾았다"고 말할 수 있었다.

눈이 먼 사람들을 보게 할 수 있는 유일한 분은 하나님이다. 그러므로 하나님은 우리가 그분의 말씀을 이해하기 위해 의지하는 분이다. 간단히 말해서, 무엇보다도 사람에게 필요한 것은 구원을 받는 것이고 자신의 모든 영적 필요를 위해 하나님께 전적으로 의존하는 것이다(사도행전 16장 30-31절을 보라).

일단 하나님의 말씀을 이해하기 위해서는 하나님의 도움이 필요하다는 것을 인정하면, 우리는 하나님의 도움을 받기 위해 정기적으로 기도해야 한다. 시인은 이것을 깨달았고 하나님께 의존하는 것을 다음과 같이 표현했다. "내 눈을 열어서 주의 율법에서 놀라운 것을 보게 하소서"(시 119:18). 이것은 우리가 하나님의 말씀을 공부하기 위해 우리의 마음을 준비할 때 우리에게도 탁월한 기도이다.

2. 성숙한 신자들에게 의존하라

우리는 성령의 가르치는 사역에 의존해야 할 뿐만 아니라 하나님의 말씀에 아주 능한 성숙한 신자들에게도 의존해야 한다.

사도 바울에 따르면, 하나님은 다소의 사람들에게 하나님의 말씀을 가르칠 수 있는 초자연적인 능력을 주신다. "우리에게 주신 은혜대로 받은 은사가 각각 다르니…혹 가르치는 자면 가르치는 일로"(롬 12:6-7). 그러나 가르침은 모세가 고대 이스라엘 백성에게 "오늘 내가 네게 명하는 이 말씀을 너는 마음에 새기고 네 자녀에게 부지런히 가르치며 집에 앉았을 때에든지 길을 갈 때에든지 누워 있을 때에든지 일어날 때에든지 이 말씀을 강론할 것이며"(신 6:6-7)라고 말했듯이 많은 환경에서 일어난다. 하나님의 계획은 성숙한 그리스도인들이 다른 사람들에게 하나님의 말씀을 가르치는 것이다.

예수님은 하늘로 승천하시기 바로 전에 다음과 같이 말씀하시면서 마지막으로 사도들을 가르치셨다. "그러므로 너희는 가서 모든 민족을 제자로 삼아 아버지와 아들과 성령의 이름으로 세례를 베풀고 내가 너희에게 분부한 모든 것을 가르쳐 지키게 하라 볼지어다 내가 세상 끝 날까지 너희와 항상 함께 있으리라"(마 28:19-20). 예수님이 분부하신 것이 우리를 위해 성경에 기록되어 있다. 그리고 성령과 은사를 받은 교사들은 우리가 그 분부들을 이해하고 그것들을 우리의 삶에 적용하는 것을 돕는다.

목적을 가지고

내가 우리는 목적을 가지고 성경을 공부해야 한다고 말할 때, 그것은 왜 우리가 공부를 하면서 우리의 하루의 일부를 보내고 있는지 우리는 분명히 이해하고 있어야 한다는 것을 의미한다. 이것은 개인적인 준비의 또 다른 부분이다. 만일 우리가 말씀 묵상 메시지를 전하거나 성경의 주제에 관한 우리의 생각을 하나의 그룹과 나누려고 한다면, 우리는 왜 우리가 공부하고 있는지를 알 것이다. 우리는 우리 앞에 놓인 특정한 과업에 의해 동기부여를 받는다.

그러나 우리가 현시점에서 고려하고 있는 것은 우리가 우리의 매일의 공부 습관에 일관적이어야 하는 이유이다. 사도행전 17장 11절에 나오는 "날마다 성경을 상고"했던 베뢰아의 그리스도인들처럼 우리로 하여금 공부하도록 동기를 부여하는 것은 무엇인가?

가장 좋은 대답들은 바로 성경에서 나온다. 다음은 하나님이 우리가 유념하기를 바라실 것을 묘사하는데, 그렇게 함으로써 우리는 성경을 공부할 때 충실하도록 동기부여를 받을 것이다. 이것들을 개인 성경공부를 위한 10대 이유라고 부르자.

1. 우리 자신의 구원의 문제를 해결하기 위해서

바울은 디모데에게 그의 경험에 관해 상기시킨다. "어려서부터 성경을 알았나니 성경은 능히 너로 하여금 그리스도 예수 안에 있는 믿음으로 말미암아 구원에 이르는 지혜가 있게 하느니라"(딤후 3:15). 이것은 모든 사람의 삶에서 해결 받아야 하는 으뜸가는 문제이다.

하나님은 죄인들을 구원하는 방편으로 자신의 말씀을 사용하신다. 우리의 회심에 관해 생각해보면, 우리는 하나님이 우리를 구원하시기 위해 우리들 삶 속에서 사용하신 성경 구절들이나 적어도 한 신자가 성경에 근거하여 전한 생명을 주는 말을 확인할 수 있을 것이다. 하나님은 또한 우리가 찬송 작사가인 패니 크로스비(Fanny Crosby)가 "복된 확신"(blessed assurance, 새 찬송가 288장 [예수를 나의 구주 삼고])이라고 부른 것을 가지고 있기를 원하신다. 많은 그리스도인이 자신들의 회심에 대해 의심을 품기도 하는데, 이 주제를 다루는 성경의 구절들을 읽음으로써 우리는 우리 자신의 구원에 관한 깊은 확신을 가질 수 있다.

사람들이 성경 읽기를 시작하려고 할 때 시작하기 좋은 곳은 신약성경의 요한복음이다. 왜냐하면 요한복음은 특히 사람들이 그리스도에 관해 읽고 그분을 믿고 그분으로부터 영생의 선물을 받도록 하기 위해 기록되었기 때문이다(요 20:30-31을 보라). 요한복음은 그것을 읽는 사람들이 그리스도 안에서 구원을 발견하는 것을 도울 목적으로 기록되었다.

2. 영적으로 성장하기 위해서

새로운 그리스도인들은 때때로 그리스도 안에 있는 아기들로 묘사되는데, 당연히 모든 아기는 자랄 필요가 있다. 베드로는 초기 교회의 그리스도인들에게 이렇게 가르쳤다. "오직 우리 주 곧 구주 예수 그리스도의 은혜와 그를 아는 지식에서 자라 가라"(벧후 3:18).

그는 또한 그들은 갓난아이가 젖을 갈망하는 것처럼 하나님의 말씀의 기본 진리들을 갈망해야 한다고 직접 권고했다. "갓난아기들 같이 순전하고 신령한 젖을 사모하라 이는 그로 말미암아 너희로 구원에 이르도록 자라게 하려 함이라"(벧전 2:2). 이것은 우리가 우리의 이해와 영적 능력에서 자라갈 수 있도록 하나님의 말씀을 몹시 갈망하는 마음을 나타내는 생생한 묘사이다. 성경은 그 자체를 영혼의 양식이라고 반복해서 말한다. 우리의 몸이 생존하려면 음식이 필요하듯이, 우리의 영혼도 성경이라는 영적 음식이 필요하다.

에베소서 4장에서 바울은 베드로와 마찬가지로 신자들의 성장에 대한 관심을 표현했다. 바울은 그들이 교리의 세파에 뒤흔들리거나 휩쓸리기를 원하지 않았다. 그는 그들이 견고하며 강하기를 원했다. 우리는 진리에 대한 이해를 진전시키는 것을 소홀히 할 때 거짓 교사들의 잘못에 보다 쉽게 영향을 받을 수 있다. 우리가 성경공부를 통해서 영적으로 성장하면 나쁜 영적 영향을 받지 않게 된다.

3. 개인적인 복과 격려를 받기 위해서

바울은 이렇게 썼다. "무엇이든지 전에 기록된 바는 우리의 교훈을 위하여 기록된 것이니 우리로 하여금 인내로 또는 성경의 위로로 소망을 가지게 함이니라"(롬 15:4). 신자로서 우리는 종종 그리스도인으로 행할 때 낙담을 경험한다. 이러한 낙담의 공통적인 원인은 바울이 로마서 15장에서 다루는 신자들 사이의 갈등이다. 하나 됨을 결여하는 그리스도인들 사이의 불화는 낙담시키는 것이 될 수 있다. 우리가 모두 마침내 배우다 보면 지역 교회들에는 긴장과 분쟁이 없지는 않다. 그러나 우리는 성경을 공부하는 동안 그리스도의 모범을 보게 된다. 그분이 사람들과 상호작용했던 방식은 삶에 대해서 그리고 다른 사람들을 대하는 것에 대해서 우리가 따라야 할 모범이다.

우리는 또한 성경을 공부할 때 신자들에게 희망을 주시기 위해 하나님이 하신 수많은 약속과 및 하나님이 섭리로 어떻게 사람들의 삶에서 역사하셨는지에 관한 이야기들을 읽게 될 것이다. 이 모든 성경 구절을 묵상할 때, 우리는 위로와 희망을 가지고 꿋꿋하게 그리스도인으로서의 우리의 삶을 이어갈 수 있는 용기를 얻게 된다.

낙담은 또한 우리가 성경에서 하나님의 거룩한 기준들에 직면할 때 갖게 되는 우리의 죄에 대한 자각에서 비롯될 수 있다. 우리가 우리의 삶에 대해 정직하다면, 우리는 하나님의 영광에 이르지 못한다는 것을 인정해야 한다. 우리의 삶에서 나쁜 습관을 버릴 수 없으면서도 몇 번이고 같은 죄들과 싸우는 것은 낙담케 한다. 그러나 우리가 계속해서 하나님의 말씀을 읽을 때, 우리는 또한 그리스도 안에 있는 하나님의 자비, 은혜 그리고 용서를 통해서 우리에게 이용 가능한 위로와 희망을 발견하게 될 것이다.

우리는 하나님의 말씀의 능력으로 우리의 삶을 변화시키는 하나님의 능력에 관해 배울 수 있다. 하나님이 어떻게 다른 사람들을-그 다음에 우리를-용서하시고 해방시키셨는지에 관해 읽음으로써 우리는 희망을 얻게 된다. 인내와 위로의 하나님은 우리가 용기를 얻기를 원하신다. 성경은 우리를 교육하기 위해 기록되었기 때문에, 우리가 배우면 배울 수록 우리는 더욱더 용기를 얻을 수 있게 된다.

4. 개인적인 인도를 받기 위해서

많은 인생의 결정사항에 직면할 때, 우리는 종종 "이제 나는 어떻게 해야 하지?"라고 궁금해한다. 성경을 배우면 이러한 물음에 답할 때 도움을 받을 수 있다. "주의 말씀은 내 발에 등이요 내 길에 빛이니이다"(시 119:105). 시인은 하나님의 말씀을 배우는 효과를, 우리가 어디로 가고 있는지를 우리가 볼 수 있도록 우리 앞의 길을 밝혀주는 인생의 등불을 갖는 것으로 묘사한다.

이스라엘 민족이 출애굽을 한 후에 광야를 여행해 갈 때 밤에는 불기둥이 그들을 인도했다. 그것이 하나님이 그때 그들을 위해 행하신 방법이었다. 하나님이 우리가 여행해 갈 때 우리를 위해서 제공하신 것은 하나님의 기록된 말씀인데, 그것은 우리에게 지식과 지혜의 빛을 제공해 준다.

여러 번 성경은 우리의 특수한 상황을 다루지만, 그렇지 않을 때는 우리가 하나님의 말씀에 의해 인도함을 받고 있다는 확신을 가질 수 있도록 우리가 우리의 삶에 적용할 수 있는 원리들이 있다.

시편 119편에서 시인은 영적이며 도덕적인 어두움이 가득 찬 세상, 곧 선을 악이라고 부르고 악을 선이라고 부르는 세상에서 살아가는 자신의 매일의 경험을 언급한다. 하나님을 기쁘시게 하는 것에 관심이 있고 또 그분의 뜻을 행하기를 원하는 신자로서 우리는 하나님을 영화롭게 하는 결정을 하기를 원하지만 어두운 세상의 영향력은 종종 이것을 어렵게 만든다. 우리는 성경공부를 통해 하나님의 뜻이 무엇인지를 배우고 하나님의 지도를 경험한다.

우리가 하나님의 인도를 구할 때, 하나님은 자신의 영으로 우리를 인도하실 것인데(롬 8:14), 그것은 언제나 하나님이 자신의 말씀에서 우리에게 계시하신 것과 일치한다. 하나님의 영의 인도는 결코 하나님이 기록하신 것과 모순되지 않는다. 만일 우리의 개인적인 결정들이 성경에 기록된 것과 모순된다면, 우리는 우리가 하나님에 의해 인도를 받고 있지 않다고 확신할 수 있다.

5. 악에서 우리 자신을 보호하기 위해서

우리는 우리가 그리스도인이 된 직후에 기독교적 삶은 영적 전쟁을 포함한다는 것을 알게 된다. 에베소서 6장에서 바울은 다음과 같은 말씀으로 신자들을 가르친다. "마귀의 간계를 능히 대적하기 위하여 하나님의 전신 갑주를 입으라"(11절). 마귀의 간계는 그가 사람들에게 사용하는 방법으로 그들이 하나님의 뜻을 행하지 못하게 하려는 것이다.

그리스도인이 이러한 공격을 막는 방법은 하나님의 영적 전신 갑주를 입는 것, 곧 하나님의 영에 의해서 능력을 부여받는 기독교적 성격과 생활양식을 입는 것이다. 이 갑주의 매우 중요한 부분은 "구원의 투구와 성령의 검 곧 하나님의 말씀을 가지라"(17절)는 것이다.

마태복음 4장 1-10절에서 마귀가 예수님과 마주하여 하나님의 뜻과 관계없이 행하도록 예수님을 유혹하고 또 하나님의 공급, 보호 그리고 계획에 대해 의심을 품게 하려고 할 때, 예수님은 하나님의 말씀을 사용하여 자신을 지키셨다. 이 이야기에서 예수님은 마귀가 자신을 유혹할 때 세 번이나 "기록되었으되"라고 말씀하신 후에 신명기의 특정 구절들을 인용하여 유혹을 물리치셨다. 예수님은 구약에 대한 지식을 토대로 [아버지 하나님의] 말씀에 대한 지식과 신뢰와 순종에 의해 유혹을 물리칠 수 있었다.

사도 요한은 첫 번째 편지에서 한 그룹의 젊은이들을 언급하면서 다음과 같이 말한다. "너희가 강하고 하나님의 말씀이 너희 안에 거하시며 너희가 흉악한 자를 이기었음이라"(요일 2:14). 이 신자들은 자신들의 성경 지식과 적용을 통해서 악마의 공격을 이겨냈다.

우리도 성경공부를 통해서 특정한 성경 구절들을 기억할 수 있으며 그것들을 적용함으로써 우리는 악마의 유혹을 물리칠 수 있을 것이다.

6. 하나님의 진리를 다음 세대에게 효과적으로 가르치기 위해서

신명기 6장 4-9절은 유대인들에게 쉐마(히브리어로 듣는다는 말이며, 구절의 첫 번째 단어임)로 알려져 있고, 경건한 유대인들은 그것을 매일 두 번씩 암송한다. 그것은 하나님과 그분의 말씀을 사랑하는 것에 관하여 그리고 우리의 자녀들에게 하나님의 말씀을 가르침으로써 그들을 사랑하는 것에 관하여 가르친다. "오늘 내가 네게 명하는 이 말씀을 너는 마음에 새기고 네 자녀에게 부지런히 가르치며 집에 앉았을 때에든지 길을 갈 때에든지 누워 있을 때에든지 일어날 때에든지 이 말씀을 강론할 것이며"(신 6:6-7). 자기 자녀들을 가르치는 부모는 기독교 가정을 위한 하나님의 모범이다.

부모는 자녀들을 가르치되 부지런히 가르쳐야 한다. 그 본문은 또한 가르침은 비형식적이며 집 안팎에서 온종일 행해져야 한다는 것을 밝혀준다. 부모는 자녀들의 으뜸가는 교사들이며, 만일 그들 자신이 먼저 하나님의 말씀을 배운다면 그들은 결국 이것을 효과적으로 할 수 있다.

부모는 자녀들이 하나님의 말씀에 관해 물을 때 그것에 대답할 수 있어야 한다. 모세는 그가 다음과 같이 썼을 때 이것을 뒷받침해 주었다. "후일에 네 아들이 네게 묻기를 우리 하나님 여호와께서 명령하신 증거와 규례와 법도가 무슨 뜻이냐 하거든 너는 네 아들에게 이르기를…"(신 6:19-20). 부모는 자녀들이 성장하여 자신들의 삶을 시작하기 전에 그들을 가르칠 수 있는 한정된 시간만을 가지고 있다. 나는 비록 그 시간이 길지라도 금방 지나간다고 공공연히 선언할 수 있다. 그러므로 우리 스스로 성경을 공부하면 이 중요한 과업을 수행하는 데 도움을 받게 된다.

7. 다른 사람들에게 조언을 해줄 수 있기 위해서

하나님은 자신의 말씀[성경]에서 말씀하신 것에 관한 지식을 다른 사람들에게 전하기 위해 우리를 사용하기를 원하신다. "그리스도의 말씀이 너희 속에 풍성히 거하여 모든 지혜로 피차 가르치며 권면하고"(골 3:16). 때에 맞추어 하나님은 신앙이 초보인 사람들을 돕기 위해 우리를 사용하기를 원하신다. 우리는 성경이 특정한 주제에 관해 말한 것을 우리가 궁금해할 때 우리를 도왔던 경험이 더 풍부한 그리스도인들을 감사의 마음으로 그리고 다정히 기억할 수 있을 것이다.

우리는 골로새서 3장 16절이 성경을 배우는 것에 관해 말하는 것, 곧 그리스도의 말씀이 "너희 속에 거한다"는 것에 주목해야 한다. 이것은 문자적으로 너희 안에 거주한다는 것을 의미한다. 그리스도의 말씀이 우리 안에 거주지를 정하고 우리들 삶의 모든 부분에 영향을 주는 것이다. 그 본문은 계속해서 말씀이 "모든 지혜로 너희 속에 풍성히 거"해야 한다고 말하는 데, 그것은 우리가 성경을 온전히 이해해야 한다는 것을 나타낸다. 그럴 때 우리는 지혜로운 조언을 해 주는 좋은 친구가 될 수 있다.

8. 그리스도에 관해 불신자들과 이야기를 나눌 준비를 하기 위해서

"너희 마음에 그리스도를 주로 삼아 거룩하게 하고 너희 속에 있는 소망에 관한 이유를 묻는 자에게는 대답할 것을 항상 준비하되"(벧전 3:15). 그리스도인들의 관심은 논쟁에서 이기는 것이 아니라 사람들을 얻는 것이어야 한다. 우리는 질문을 받을 때 물음에 대답할 수 있어야 하고 우리의 믿음에 관해 설명할 수 있어야 한다. 설교에 귀를 기울이지 않을 사람 중에는 개인적인 대화를 나누는 가운데 그리스도의 존재를 알기를 원하는 이들이 있을지도 모르며, 우리는 준비하라는 말씀을 듣는다. 우리가 공부를 통해 배우면 배울수록, 우리는 다른 사람들과 하나님의 진리를 나누는 일에 더 효과적이 될 것이다.

9. 다른 사람들의 가르침이 하나님의 진리인지 확인하기 위해서

초기 그리스도인들의 한 그룹인 베뢰아 사람들은 그 밖의 사람들보다 한층 더 두드러졌다. "베뢰아에 있는 사람들은 데살로니가에 있는 사람들보다 더 너그러워서 간절한 마음으로 말씀을 받고 이것이 그러한가 하여 날마다 성경을 상고하므로"(행 17:11). 그들은 바울이 자신들에게 가르친 것이 참인지 확인하기 위해 성경을 살펴보았다. 그들은 이것에 전념하여서 매일 그렇게 했다. 기독교 교사들이 단순히 유머가 풍부하거나 활동적이거나 텔레비전이나 라디오에 나오거나 책을 썼다는 이유만으로 그들의 메시지를 받아들이는 것은 잘못이다. 그들의 메시지의 내용이 참되어야 하며, 우리는 그것을 우리 자신의 공부를 통해서 확증하는 것이 좋다. 성경 교사들은 사람들이 이것을 하는 것을 결코 불쾌하게 여기지 않아야 한다. 그들은 그것을 격려해야 한다.

10. 우리를 하나님의 인정받은 자로 드리기 위해서

"너는 진리의 말씀을 옳게 분별하며 부끄러울 것이 없는 일꾼으로 인정된 자로 자신을 하나님 앞에 드리기를 힘쓰라"(딤후 2:15). 하나님의 진리를 배우려면 공부를 해야 한다.

그리스도인들은 바다에서 진주가 있는 곳을 찾아내려고 일하는 잠수부들이나 흙에서 금을 찾아내려고 애쓰는 광부들처럼 하나님의 진리를 발견하기 위해서 성경을 공부하는 일꾼들이다. 우리는 하나님 앞에서 살아가며 종으로서 우리는 점검을 받기 위해 하나님께 우리의 삶을 정규적으로 드려야 한다. 우리는 하나님의 인정을 받았다는 느낌을 갖기를 바라며 결국에는 그분으로부터 "잘 하였도다 착하고 충성된 종아"라는 칭찬을 듣기를 바란다. 하나님의 인정은 부지런히 하나님의 말씀을 공부하는 데서 온다. 그렇게 함으로써 우리는 그것을 다른 사람들과 정확하게 나눌 수 있게 된다.

∽∽∽∽∽∽∽∽∽∽∽∽∽∽∽∽∽

우리가 하나님께 그리고 더 성숙한 신자들에게 의존하면서 하나님의 말씀에 접근할 때, 우리는 성공적인 성경공부를 향해 나아가고 있는 것이다. 우리가 하나님을 알고 또 하나님의 길을 더 잘 알기 위해서 그분의 말씀에 접근할 때, 우리는 또한 성공적인 공부를 향하여 나아가고 있는 것이다. 하나님의 말씀은 참으로 "살아 있고 활력이 있어" 우리를 완전히 변화시킬 준비가 되어 있다.

2. 해석

성경이 의미하는 것을 발견하기

> "너는 진리의 말씀을 옳게 분별하며
> 부끄러울 것이 없는 일꾼으로 인정된 자로
> 자신을 하나님 앞에 드리기를 힘쓰라."
>
> (딤후 2:15)

나는 나의 고등학교 역사 선생님이 토론수업 시간에 한 가지 요점을 입증하기 위해 성경을 잘못 인용한 어느 학생에게 대답한 것을 생생하게 기억하고 있다. 그 선생님은 이렇게 말했다. "여러분은 여러분이 어떤 것이든 성경이 의미하기를 원하는 것을 그것이 의미하게 할 수 있어요." 나는 나이가 어렸음에도 성경은 주의 깊게 이해해야지 부주의하게 이해하면 안 된다고 생각했다.

성경의 의미를 논의하는 사람들이 종종 이렇게 말한다. "음, 그것은 그저 당신의 해석일 뿐입니다." 성경이 의미하는 바를 알아낼 방법이 있는가? 대답은 분명 '예, 그렇다'이다! 이 장에서 나는 여러분이 성경을 올바르게 해석하는 것을 도울 많은 지침을 나눌 것이다.

우리가 깨닫든 깨닫지 못하든, 우리는 모두 우리가 성경의 의미를 이해하고 우리의 삶에 적용하려고 노력할 때마다 그것을 해석한다. 우리가 이미 이것을 하고 있다는 사실은 우리가 올바르게 해석하는 것을 배우는 것이 얼마나 중요한지를 보여 준다.

하나의 해석, 많은 적용점

우선적으로 고려할 점은 이것이다. 성경의 각 구절은 비록 적용점이 많이 있을지라도 오직 하나의 의도된 의미만을 가지고 있다는 것이다. 성경은 각각 다른 사람들에게 각각 다른 것들을 의미하기 위해 기록된 것이 아니다. 모든 구절에서 문제는 언제나 하나님은 그것에 의해 무엇을 의미하시는가 이지 그것이 나에게 무엇을 의미하는가 가 아니다.

성경의 본문을 해석할 때 고려해야 할 것들이 많이 있다. 어떤 본문들은 분명히 도처에 있는 모든 사람에게 적용되는 반면에 또 어떤 본문들은 이전 시대에 살았던 성경 속의 사람들에게만 적용된다. 어떤 것들은 문자적으로 이해해야 하는 반면에 또 어떤 것들은 비유적으로 이해해야 한다.

어떤 사람들은 자신의 개인적인 상황을 성경의 본문에 가져와서 하나님은 특정한 본문에서 몇 가지 신비스럽고 비밀스러운 방식으로 자신에게 직접 말씀하신다고 잘못 생각할지도 모른다.

여러분은 이런 일화를 들어본 적이 있을 것이다. 어떤 사람이 성경을 펴고는 손가락으로 짚는 구절에서 하나님이 자신에게 개인적인 메시지를 주시기를 바라면서 손가락으로 한 구절을 짚었다고 한다. 공교롭게도 그의 손가락이 짚은 곳은 마태복음 27장 5절이었는데, 거기에는 이런 말씀이 있었다. "유다가…물러가서 스스로 목매어 죽은지라."

그는 이것이 자신에게 의미하는 것으로 당혹한 나머지 다른 곳을 펴서 다시 손가락을 짚었는데, 그것은 누가복음 10장 37절이었다. "예수께서 이르시되 가서 너도 이와 같이 하라 하시니라."

그는 조마조마해지기 시작했고 다시 시도해보았다. 요한복음 13장을 폈고 27절을 짚었다. "예수께서…이르시되 네가 하는 일을 속히 하라 하시니."

이 우스꽝스러운 이야기는 몇몇 사람들이 성경을 이해하는 것에 무관심하게 그리고 신비적으로 접근하는 것을 예시한다.

개인적인 경험인데, 어느 날 나는 심각한 질병이 생긴 것은 아닌가 싶어서 검사를 받고 그 결과를 보려고 의사와 만나기로 했다. 그날 아침, 나는 기도하면서 그리고 성경을 읽으면서 시간을 보냈다. 거기에서 나는 우연히 예레미야 46장을 읽게 되었다. 죽 읽어가다가 11절에서 이런 말씀을 접하게 되었다. "네가 치료를 많이 받아도 효력이 없어 낫지 못하리라."

만일 내가 성경을 해석하는 방법을 배우지 못했더라면, 이것은 난처하게 하는 구절이 되었을 것이다. 그러나 그것은 하나님이 내게 주시는 직접적이고 신비로운 메시지가 아니었다. 그것은 실제로는 "처녀 딸 애굽"에게 하시는 말씀이었고 그래서 나는 기뻤다! 나는 그날 늦게 의사로부터 기쁜 소식을 들었는데, 그것을 통해서 성경을 올바르게 해석하게 되면 불필요한 걱정을 하지 않을 수 있다는 것을 확인받게 되었다.

빈약한 해석은 선입견, 나쁜 신학, 너무 성급하게 결론에 도달하는 것 그리고 해석의 원리들을 무시하는 것에서 비롯된다. 이런 이유로, 우리로 하여금 하나님이 말씀하신 것이 무엇을 의미하는지를 배우도록 돕는 기본적인 원리들을 배우는 것은 매우 중요하다.

투자할 만한 가치가 있음

여러분은 여러분이 하고 싶은 것보다 더 많이 하고 있다고 생각할지도 모르지만, 나는 여러분이 그것은 할 만한 가치가 없을 것이라고 생각하려는 유혹을 물리치라고 권한다. 우리가 우리 인생에서 보내는 최고의 시간 중 일부는 성경을 공부하면서 보내는 시간일 것이다. 이것은 단지 지루한 학문이 아니라 사랑의 편지, 곧 우리를 사랑하시는 하나님의 메시지를 살펴보는 것이다. 이것을 깨닫게 되면 우리가 공부하면서 보내는 시간은 즐겁다.

여러분이 투자하는 시간과 일은 귀중한 진리를 대폭으로 발견함으로써 보상을 받게 될 것이다. 금이나 다른 귀금속을 찾는 광부들은 자신들이 발견하고자 하는 것의 진가에 마음을 계속 집중한다. 그들은 자신들의 일에 시간을 바쳐야 한다는 것을 알고 있다. 만일 여러분이 극초단과 성경공부 계획, 즉 여러분으로 하여금 그것을 빨리 끝내게 해 주는 계획에 관해 듣는다면, 나는 그것을 무시하라고 권한다. 왜냐하 면 그것은 그리 유익하지 않을 것이기 때문이다.

성경은 학자들을 위해 기록된 것이 아니라 죄인들을 위해 기록되었다 고 한다. 그것은 우리 모두를 위한 책이다. 많은 부분이 다른 부분들보 다 더 어렵지만 그렇다고 해서 낙담하지 말아야 한다. 베드로도 그의 사랑하는 형제 바울이 쓴 것 중 어떤 것들은 이해하기 어렵다고 말했다 (벧후 3:15-16).

내가 하나님의 말씀을 배우기 시작했을 때, 어느 지혜로운 목회자가 나에게 성경공부는 역기를 드는 것과 같다고 말한 적이 있다. 우리는 처음에는 가벼운 역기를 들기 시작하다가 결국에는 무거운 역기도 들 수 있게 된다. 우리가 성경을 읽고 공부할 때, 우리는 우리가 이해하지 못하는 것들로 인해 너무 염려할 필요가 없다. 은유적으로 다시 말하 면, 우리가 해야 할 일은 우리 손을 뻗어서 닿을 수 있는 선반에서 과자 를 잡는 것이다. 하나님의 말씀을 매일매일 읽다 보면, 우리는 이해에 서 자라고 나중에는 더 어려운 교리들을 다룰 수 있을 것이다.

거짓 교사들을 조심하라

하나님의 말씀을 이해하고 싶어 하는 사람들에게 하는 경고로서, 성경은 성경이 말하는 것을 조작하고 또 만일 우리가 그들에게서 우리 자신을 지키지 못한다면 나쁜 영향을 미칠 수 있는 거짓 교사들에 대해서 말한다. 예수님은 그 당시 몸의 부활을 부정하는 사두개인들을 이렇게 비판하셨다. "너희가 성경도, 하나님의 능력도 알지 못하는 고로 오해하였도다"(마 22:29). 이 사람들은 약간의 구약 본문들을 둘러댔고 다른 본문들을 영성화했는데, 결과적으로 심각한 과오를 범했다.

바울은 말세에 살아갈 사람들의 특성에 대해서 말하면서 몇몇 종교적이고 학식 있는 사람들이 "항상 배우나 끝내 진리의 지식에 이를 수 없"고 "진리를 대적"한다고 말했다.

거짓 교사들은 종종 성경의 단어들을 재정의하기 때문에 우리는 어떻게 그들이 그것들을 사용하고 있는지 또는 어떻게 하나님이 의도하신 구절의 의미가 상실되었는지 이해하고 있다는 것을 확인하기 위해 점검해야 한다.

베드로는 몇몇 사람들이 어떻게 하나님의 말씀을 오용하다가 무서운 결과에 이르게 되는지를 기술했다. 그는 이렇게 말한다. "무식한 자들과 굳세지 못한 자들이 다른 성경과 같이 그것도 억지로 풀다가 스스로 멸망에 이르느니라"(벧후 3:16). 이 사람들은 올바른 해석 원리들을 무시하면서 성경을 아무렇게나 대한다.

우리는 진리를 위해 싸우는 시대에 살기 때문에, 그리스도인들은 책들, 프로그램들 그리고 교사들을 분간하는 것이 중요하다. 나는 매체를 통해 세상에 크게 영향을 주었던 성경을 믿는 모든 그리스도인을 기쁘게 생각하지만, 우리는 언제나 주의해야 한다. 왜냐하면 양의 탈을 쓴 늑대들이 누구인지 분간하는 것이 때때로 어렵기 때문이다(마 7:15).

참된 신자들이 동의하는 신앙의 원리들이 있지만 내부의 논의도 있다. 불행하게도 주님을 알고 또 성경을 정확하게 사용하는 사람들이 아직도 어떤 성경 구절들은 무엇을 의미하는지에 대해서 불일치를 보이고 있다. 이것 때문에 결국 각각의 그리스도인과 기독교 교단들 사이에 분열이 생겼다. 성경의 본질, 지구의 나이, 신적 선택, [구원의] 영원한 보장, 성령의 은사들, 세례예식 그리고 재림의 시기 등에 대해서 불일치가 존재한다.

신자들 사이의 불일치는 주님이 다시 오실 때까지 존재할 것이다. 그때 주님은 모든 물음에 대답하실 것이며 모든 신자를 통합하실 것이다. 그날이 올 때까지 우리는 최선을 다해 우리와 견해가 다른 형제들을 사랑하고 될 수 있는 대로 성경을 잘 해석하는 방법을 배워야 한다.

귀납법적 성경공부

우리는 성경을 해석하는 것을 배울 때 귀납법적 성경공부를 논의해야 하는데, 그것은 본문에서 사실들과 세부사항들을 발견하고 그 관찰들로부터 하나의 본문의 의미에 관한 결론을 이끌어내려고 한다. 귀납법적 [성경] 공부에는 3가지 요소, 곧 관찰, 해석 그리고 적용의 순서가 있다.

- 관찰은 그것은 무엇을 말하는가? 라는 물음에 답한다. 본문에서 실제적인 내용은 무엇인가?
- 해석은 그것은 무엇을 의미하는가? 라는 물음에 답한다. 우리의 과업은 저자의 본래의 의도와 의미를 발견하는 것이다.
- 적용은 그것은 나에게 무엇을 의미하는가?와 그것은 나의 삶에 어떻게 적용되는가? 라는 물음에 답한다.

우리가 이 순서를 사용할 때, 우리는 그렇지 않았더라면 간과하게 되었을지도 모를 정보와 아이디어를 발견할 것이다. 이 유형의 연구를 행하지 않을 때 해석적 오용이 생길 수 있다.

1. 관찰

관찰은 언제나 최우선 고려사항이다. 우리는 하나의 본문이 무엇을 의미하는지를 고려하기 전에 그것은 무엇을 말하는지를 물어야 한다. 이것은 우리가 하나의 본문과 익숙해질 때까지 그것을 읽고 다시 읽는 것을 의미한다. 이따금 내가 성경의 몇몇 부분에 관해 가르치고 나면 사람들은 놀라서 나에게 이렇게 물었다. "당신은 어떻게 하나의 구절에서 그 모든 것을 얻을 수 있지요?" 그 대답의 일부는 관찰자가 되는 것을 배우는 것이다.

우리들 대부분은 범죄 현장을 취재하는 텔레비전 프로를 시청한 적이 있다. 그 장소는 테이프를 붙여서 들어가지 못하도록 하고 당국자들이 단서들을 찾기 시작한다. 단서들-아마도 발자국이나 옷의 천 조각들-이 발견되면, 형사는 그곳에 선명하게 표시를 해둔다. 숙련된 눈은 많은 단서를 눈여겨본다. 나중에 자세히 살펴보기 위해서 사진을 찍어둔다. 증거물은 실험실로 보내지는데, 거기에서 훨씬 더 많은 정보가 밝혀진다. 많은 사람이 일어난 것에 관한 진실을 찾기 위해 더딘 과정에 관여한다. 이것이 관찰인데 찾아낼 수 있는 모든 것을 발견한다.

어린 시절에 나는 경찰 프로인 드래그네트(Dragnet)를 보면서 자랐다. 주요 인물 중 하나는 형사 조 프라이데이(Joe Friday)이다. 그의 독특한 말투 중 하나는 "부인, 그게 바로 사실입니다"였다. 그는 견해나 느낌에 관심이 없었다. 그가 원한 것은 사실적인 증거뿐이었다. 관찰 단계 동안, 우리도 사실들을 찾고 있다.

우리는 우리의 관찰 기술을 발전시킬 때 일련의 질문을 하는 것이 도움이 된다는 것을 알게 될 것이다. 우리는 그것들을 어떤 본문에도 사용할 수 있다. 여러분의 본문을 자세히 들여다보고 그것에 대해 꼬치꼬치 캐물어라! 우리는 사실들을 원할 뿐이다. 본문들은 다음의 질문 중 대부분에 대한 답을 가지고 있을 것이다.

- 누가? 누가 기록하고 있는가? 원래 그 메시지는 누구에게 썼나? 이 시나리오에 관련된 사람들은 누구인가?
- 무엇을? 무슨 일이 일어나고 있는가? 무슨 말을 했는가? 그것은 명령, 훈계, 비난, 질문, 대답, 기도, 다른 성경 말씀의 인용 또는 그 밖

의 다른 것인가? 요점은 무엇인가? 어떤 핵심어들 또는 핵심 구들이 사용되었는가? 문맥은 무엇인가? 어떤 문어체가 사용되고 있는가? 그것은 내러티브인가? 대화인가? 비유인가? 예언인가? 시인가? 서신인가? 아니면 설교인가?

- 언제? 시간 기준이 있는가? 과거, 현재 또는 미래와 관련된 단어들이 있는가? 후에, 전에, 그때 등과 같은 단어들을 찾아보라.

- 어디에서? 언급되고 있는 장소들, 곧 마을, 길, 강, 산, 지역 또는 다른 주요 지형지물이 있는가?

- 왜? 사건이 왜 말해지고 있거나 일어나고 있는지에 관한 어떤 단서들이 있는가?

- 어떻게? 사건이 어떻게 일어났는지에 대한 설명이 있는가?

이 6가지 질문은 우리가 하나의 본문이 실제로 무엇을 말하는지를 알 수 있는 정보를 얻는 데 도움이 된다.

2. 해석

궁극적인 해석 질문은 하나님은 자신이 말씀하신 것에 의해 무엇을 의미하셨는가? 이다. 해석은 하나의 본문과 관련된 모든 사실을 고려하면서 그 본문의 의미를 결정하는 것이다. 우리의 관찰로부터 증거를 모으는 데는 약간의 시간이 걸리며, 우리는 서둘러서 조급한 결론을 내리지 않도록 주의해야 한다. 새로운 증거가 우리의 결론에 영향을 줄 수 있으므로 우리는 너무 서둘러서 귀납법적 과정의 이 부분으로 이동하지 않아야 한다. 우리는 디옥시리보핵산(DNA) 시험에서의 진전으로 새로운 증거를 얻게 될 때 몇몇 판정이 뒤집히는 사법적 체계에서 이것에 대한 분명한 예를 볼 수 있다.

우리 가운데 몇몇 사람들은 사실들을 관찰하고 저자가 의도한 것을 결정하기 전에 촉진자가 이 구절은 여러분에게 무엇을 의미하는가? 라고 물었던 성경공부반에 있었던 적이 있다. 이것은 적절한 때에 묻게 된다면 좋은 질문이다. 왜냐하면 그것은 사람들에게 성경에 관하여 생각하도록 강제하기 때문이다. 그러나 먼저 묻는 것은 좋은 질문이 아니다. 왜냐하면 사람들은 자신들이 본문을 읽고하기 전에 즉석에서 말하기 때문이다. 이 상황에서 성경을 해석하는 것은 완전히 주관적이어서 다른 사람들에게 다른 것을 의미하게 된다.

그러나 성경의 모든 구절은 오직 한 가지, 곧 원저자가 의도했던 것만을 의미하며, 그것은 우리가 발견하려고 노력하는 것이다. 성경 해석은 개인적인 견해, 느낌 또는 민주적인 합의의 문제가 아니다. 그것은 본문으로부터 증거를 모으고 인정된 해석 원리들을 따르는 문제이다. 어떤 사람들은 하나의 본문을 읽고는 해석을 아예 건너뛴 채 서둘러서 적용으로 넘어가는 잘못을 저지른다.

존 맥아더(John MacArthur)는 자기 교회 부목사 중의 한 사람에 대해서 이야기를 하는데, 그는 여리고가 무너진 것에 관한 설교를 듣고서 결혼한 한 쌍의 부부를 상담했다. 이전 교회에서 그 목사는 하나님의 백성이 그 도시를 주장하면서 그 주위를 일곱 번 돌았고 벽이 무너져 내렸다고 가르쳤다. 그런 다음, 그는 남자 청년들에게 만일 한 남자가 하나님이 자신에게 어떤 특정한 미혼여성을 주셨다고 믿으면 그는 그녀를 주장하면서 그녀 주위를 일곱 번 돌면 그녀의 마음의 벽이 무너질 것이라고 설명했다! 여리고 성의 함락에 관해 배우게 되는 교훈 중에 결혼에 관한 것은 없다.

디모데후서 2장 15절은 "진리의 말씀을 옳게 분별"하는 것에 대해서 말한다. 헬라어에서 옳게 분별하는 것(accurately handling, NASB)은 문자적으로 "일직선으로 자르는 것"을 의미한다. 장막장이 바울이 디모데에게 [편지를] 썼을 때, 그는 장막의 조각들을 함께 꿰매어 붙이기 위해 천을 일직선으로 자르는 것을 염두에 두었을 것이다. 바울과 디모데는 성경을 해석하고 가르칠 때 그 모든 것이 모순 없이 서로 잘 맞도록 정밀하고 정확할 필요가 있었다.

그들은 진리의 말씀을 일직선으로 자르거나 바르게 다루어야(handle straight) 했다. 진리의 말씀을 잘못 다루는 사역자들은 수치를 당하게 된다.

우리가 본문의 의미를 발견하려고 노력하고 있다면, 몇 번이고 그것은 분명해진다. 그것은 우리가 읽는 것의 표면 위로 떠오른다. 알리스테어 베그(Alistair Begg)는 라디오 프로그램 생명을 위한 진리(Truth for Life)에서 성경을 공부할 때 "주된 것과 분명한 것"에 관하여 반복적으로 말한다. 먼저 분명하고 명백한 것에 초점을 맞춰라.

성서 연구회(the Biblical Research Society)의 창시자인 데이비드 쿠퍼(David Cooper)는 해석의 황금률을 정했다. 그 간략한 견해는 이것이다. "만일 그 분명한 의미가 아주 타당하다면, 다른 의미를 구하지 마라. 그렇지 않으면 그것은 무의미한 말로 귀결될 것이다." 먼저 그의 법칙을 적용하고 거기에서부터 공부하라. 독특하거나 모호하거나 또는 이해하기 힘든 개념들을 위해서 분명한 의미를 희생시키지 마라.

우리가 본문에 대한 6가지 관찰 질문을 했다면, 그다음에 우리는 6가지 해석의 원리들을 적용한다.

1) 문자적 원리

문자적 원리는 상징, 풍유 그리고 은유와 같은 비유적 표현들을 인지하면서 단어들의 일반적인 의미로 성경을 해석하는 것을 의미한다. 하나님은 기록된 언어를 통해 우리와 소통하셨다. 그러므로 우리는 성경의 단어들을 우리가 일상생활에서 그것들을 사용하는 방식으로 이해해야 한다. 하나의 본문이 스스로 말하게 하라. 예수님이 태어나셨을 때, 그것은 문자적인 동정녀 탄생이었다. 예수님이 행하신 기적들은 사실이었다. 예수님의 죽음과 부활은 실제적인 역사적 사건이었다.

우리는 성경의 많은 부분, 특히 시편과 예언서가 비유적인 언어로 가득하다는 것을 인정한다. 시편 91편 4절은 히브리 시에서의 비유적인 언어의 한 예이다. "그가 너를 그의 깃으로 덮으시리니 네가 그의 날개 아래에 피하리로다 그의 진실함은 방패와 손 방패가 되시나니." 이것은 하나님이 깃털과 날개를 가지고 계시다는 의미가 아니다. 오히려 그것은 한 마리 새가 자기 날개로 새끼를 덮어서 보호하는 것처럼 그러한 방식으로 우리를 보호하시는 하나님의 모습을 제공한다.

하나의 예언적인 예는 요한계시록 1장 16절에서 볼 수 있다. "그의 오른손에 일곱 별이 있고 그의 입에서 좌우에 날선 검이 나오고." 문자적 해석은 일곱 개의 진짜 별이나 진짜 검을 나타내지 않는다. 별의 상징적인 의미는 요한계시록 1장 20절에서 설명되는 반면에 검의 의미는 요한계시록 2장 16절과 19장 15절에서 알게 된다.

문자적 원리를 사용하면, 성경은 이해하기가 훨씬 더 용이하게 된다. 숨겨진 의미들을 알아낼 필요가 없다.

2) 역사적 원리

성경은 그것의 역사적 환경에서 이해한 뒤에야 우리의 현대적 환경에서 온전히 이해할 수 있다. 성경을 배우는 사람들은 이제 역사가들이 된다. 우리는 저자는 그가 썼던 것에 의해서 무엇을 의미했는가? 라고 물음으로써 그의 원래 의도를 발견하기를 원한다. 우리의 해석은 최초의 수신자들에게 타당할까? 우리는 하나의 본문이 우리에게 무엇을 의미하는지를 묻기 전에 먼저 그것이 원래의 청중에게 무엇을 의미했는지를 물어야 한다.

발을 씻어주는 것(딤전 5:9-10), 지붕 위에서 기도하는 것(행 10:9), 그리고 허리를 동이는 것(벧전 1:13)과 같은 그 당시의 생활양식과 관습들을 조사하는 것은 도움이 될 것이다. 정치적이고 사회적인 배경에 관하여 배우는 것은 몇몇 본문들에 해결의 실마리를 던져 준다. 4장에서 언급된 성경공부 도구들은 역사적인 배경을 공부할 때 유익함이 판명될 것이다.

3) 문맥적 원리

문맥적 원리는, 우리는 하나의 구절을 그것을 둘러싸고 있는 구절들을 근거로 해석해야 한다는 것을 의미한다. 여러분은, 어떤 구절들은 하나의 문장의 한가운데에서 시작한다는 것을 주목했을 것이다. 그러므로 저자의 사상의 흐름을 이해하려면 최소한 그 문장의 첫 부분으로 돌아가는 것이 가장 좋다. 몇몇 성경 교사들은, 문맥은 매우 중요해서 성경의 한 구절은 결코 그것 홀로 읽혀서는 안 된다고 말했다. 저자가 의도한 의미를 이해하려면, 그것은 언제나 그것의 문맥 안에서 읽어야 한다.

이 입장을 취하는 이유는 이 금언에서 요약된다. 곧 문맥을 고려하지 않는 본문은 증거 본문을 위한 구실이 된다는 것이다! 더 간단히 말하면, 이것은 따로 떨어져 있는 하나의 성경 구절은 잘못을 [옳은 것으로] 증명하기 위해 잘못 해석될 수 있거나 오용될 수 있다는 것을 의미한다.

사탄이 예수님을 유혹하여 성전 꼭대기에서 뛰어내리라고 말했을 때, 마귀는 문맥을 무시한 채 성경 구절들을 인용했고 그것들에 잘못된 의미를 부여했다. 하나님을 신뢰하는 것에 관한 시편이 하나님을 시험하는 것은 괜찮다(마 4:5-6과 시 91:11-12)라는 의미로 왜곡되었다. 예수님은 잘못된 개념을 고쳐주는 다른 본문(마 4:7과 신 6:16)을 인용함으로써 마귀의 잘못을 바로잡아주셨다.

한 본문의 큰 그림, 그다음에 맥락 그리고 마지막으로 세부사항들을 이해하는 것이 가장 좋다. 이것은 조감도(위에서 아래를 내려다본 관찰-역주)로 시작해서 앙시도(아래에서 위를 올려다본 관찰-역주)로 내려간다.

- 책의 일반적인 주제를 발견하라.
- 각 장의 강조점 및 그것이 어떻게 그 책의 주제와 관계가 있는지를 결정하라.
- 문단 나눔들 및 어떻게 그것들이 각 장의 주제와 관계가 있는지를 발견하라.
- 각 구절의 주요 개념과 그것들이 어떻게 서로 관계가 있는지를 이해하기 위해서 구절들을 파고들어라.
- 단어 연구를 함으로써 구절들 속으로 더 깊이 들어가라.

이 파기는 우리의 결론을 훨씬 더 정확하게 해 준다.

4) 부합성의 원리

부합성(compatibility)의 원리의 기본적인 전제는 성경의 구절들이나 단

락들을 성경의 다른 부분들과 비교하여 그것들이 어떻게 서로 잘 맞는지 보는 것이다. 성경에 관한 최고의 주석서는 성경이다. 그러므로 우리는 성경으로 하여금 성경을 해석하도록 해야 한다. 제대로 이해한다면, 성경은 자체로 모순되지 않는다. 그것은 자체를 보충한다. 만일 우리의 해석이 성경이 그 밖의 다른 곳에서 말하고 있는 것과 모순이 된다면, 우리는 우리의 결론을 바꿀 필요가 있다. 우리가 하나의 본문이나 주제를 공부할 때, 성경의 다른 부분들은 더 온전히 이해하도록 그것을 밝혀준다. 예를 들면, 교리적 지식은 성경 전체에 걸쳐 퍼져 있다.

나는 내가 신약성경의 첫 번째 네 권의 책인 복음서를 처음으로 진지하게 읽었던 때를 기억한다. 나는 마태복음을 읽고 그다음에 마가복음을 읽었다. 나는 누가복음을 다 읽었을 때쯤에 내가 전에 그것의 이야기들을 읽었다는 것과 마태복음과 마가복음에서 그것들을 읽었다는 것을 알았다. 나는 결국 이 책들은 모두 주 예수님의 생애를 보여주며 그분의 생애를 완전하게 묘사하기 위해서 다른 세부사항들을 제공한다는 것을 알게 되었다. 네 명의 저자들은 4중창 화음을 넣는 것과 같았다. 그들은 같은 노래를 부르고 있었지만 다른 건반을 누르고 있었다. 성경을 성경과 비교하게 되면 잘못과 모순을 막을 수 있게 된다.

5) 문법적 원리

의외라고 여겨질지 모르지만, 문법적 원리는 문법 및 문장 구조와 관계가 있다는 것을 배우는 것이다. 품사들과 그것들이 서로 관계를 맺는 방식을 알면 성경 본문에 관해 많은 것을 밝힐 수 있다.

쉽사리 간과되지만 중요한 7가지 단어가 있는데, 그것은 그러므로 (therefore), 그리고(and), 그러나(but), 매우…이므로(that), 왜냐하면…하니까(for), 이므로(because), 그리고 만약(if)이다. 이것들의 예들은 로마서 11장과 12장에서 볼 수 있다.

바울은 로마서 12장 1절에서 이렇게 쓰고 있다. "그러므로(therefore) 형제들아 내가 하나님의 모든 자비하심으로 너희를 권하노니 너희 몸을 하나님이 기뻐하시는 거룩한 산 제물로 드리라." 우리가 그러므로란 말을 볼 때, 우리는 왜 그것이 거기에 있는지를 알 필요가 있다. 어떤 사상이 언급되었는지를 찾아내라. 로마서의 처음 11개의 장에서 바울은 하나님의 구원계획을 상세히 묘사함으로써 하나님의 자비의 위대한 토대를 놓았다. 그런 다음, 바울은 12장 1절에서 자신의 생각을 실제적인 결론으로 이끌고 로마의 그리스도인들에게 그들을 헌신적인 종들로 하나님께 드리라고 간청한다. 그는 하나님의 계획에 대해 자신이 길게 묘사한 것과 자기의 실제적인 간청을 그러므로라는 말을 사용하여 연결 짓는다.

2절이 이어진다. "[그리고] 너희는 이 세대를 본받지 말고 오직 마음을 새롭게 함으로 변화를 받아 하나님의 선하시고 기뻐하시고 온전하신 뜻이 무엇인지 분별하도록 하라"(And do not be…, but be transformed…, that you may prove…, NKJV). 그리고는 첨가를 말해주고 그러나는 대조를 가리키며, …이므로(that)는 결론을 시작하기 위해 사용되었다. 바울은

2절을 시작할 때 그리고란 말을 사용함으로써 1절에서 자신의 첫 번째 간청 후에 다른 간청을 첨가한다. 그런 다음, 그는 그러나라는 말과 함께 대조되는 내용을 제시한다. 바울은 신자들에게 믿지 않는 세상처럼 살고 생각하라는 외적인 압력에 굴복하지 말고 그들의 생각하는 삶을 새롭게 함으로써 내적으로 변화를 받으라고 권한다(그런데 새롭게 된 사고를 위한 근원은 성경이다. 시편 1장 1-2절을 보라).

이므로(that)는 (왜냐하면…하니까[for] 및 이므로[because]와 함께) 2절 끝에서 목적이나 이유를 소개하기 위해서 사용된다. 우리의 생각을 새롭게 하고 우리의 삶을 변화시켜야 하는 이유는 우리가 하나님의 뜻을 알고 있고 또 그것을 행하고 있다고 우리는 확신할 수 있기 때문이다.

19절에서 때문에(for)라는 단어는 또한 이유를 소개하기 위해 사용되었다. 성경은 우리가 원수를 갚지 않아야 한다고 말하기 때문에 그리스도인들은 원수를 갚지 않아야 한다고 바울은 썼다.

또한 목적이나 이유를 의미하는 이므로(because)의 사용의 예는 로마서 11장 20절에서 발견된다. "그들은 믿지 아니하므로(because) 꺾이고."

만약(If)은 로마서 12장 18절에서 사용된다. "할 수 있거든(if it is possible) 너희로서는 모든 사람과 더불어 화목하라." 이 말은 하나의 조건이 있을 때 사용된다. 여기에서 바울의 요점은 그리스도인들은 언제나 화평하게 하는 사람이 되어야 한다는 것이며, 만약 한 사람의 그리스도인과 다른 사람 사이에 화평이 부족하다면, 그것은 결코 그리스도인의 잘못이 아니어야 한다는 것이다.

이 7가지 단어들을 고려하면 하나의 본문의 구조와 의미를 더 잘 이해하는 데 도움이 된다.

6) 기독론적 원리

예수 그리스도는 성경 전체의 주제이다. 그러므로 우리는 공부할 때 예수 그리스도에 대해 언급하는 부분을 눈여겨보는 것이 중요하다. 성령의 사역은 우리를 그리스도께로 향하게 하는 것이다. "보혜사 곧 아버지께로부터 나오시는 진리의 성령이 오실 때에 그가 나를 증언하실 것이요"(요 15:26). 예수님은 당시의 믿지 않는 유대인들에게 이렇게 말씀하셨다. "너희가 성경에서 영생을 얻는 줄 생각하고 성경을 연구하거니와 이 성경이 곧 내게 대하여 증언하는 것이니라…모세를 믿었더라면 또 나를 믿었으리니 이는 그가 내게 대하여 기록하였음이라"(요 5:39, 46). 모세는 구약의 첫 번째 5권의 책을 썼는데, 그러므로 우리는 거기에서 그리스도를 찾는다.

예수님은 자신의 지상 사역이 끝나갈 무렵에 제자들에게 이렇게 말씀하셨다. "모세의 율법과 선지자의 글과 시편에 나를 가리켜 기록된 모든 것이 이루어져야 하리라"(눅 24:44). 그러므로 우리는 예언서들과 시편에서도 예수님을 찾는다.

어느 날, 한 에티오피아 내시가 구약의 이사야 본문을 읽고 있었는데, 그것은 예수 그리스도에 관한 예언을 포함한다. 신자였던 빌립은 그가 읽고 있던 것을 이해하도록 그를 도와주었다. "빌립이 입을 열어 이 글[사 53:7-8]에서 시작하여 예수를 가르쳐 복음을 전하니"(행 8:35). 우리는 항상 그리스도를 찾아야 한다.

3. 적용

이제 우리는 귀납법적 성경공부의 세 번째 구성 요소인 적용에 이른다. 이것은 이 구절은 나에게 어떻게 적용되는가? 라는 물음에 대답한다. 성경공부는 해석과 함께 끝나지 않는다. 그것은 그래서 어떻다는 것인가? 라는 물음으로 이어진다. 성경공부의 목적은 지식을 얻는 것일뿐만 아니라 변화를 경험하는 것이다. 우리는 단지 성경을 처음부터 끝까지 죽 읽으려고 하는 것이 아니다. 우리는 성경이 우리를 죽 읽게 하려는 것이다. 만일 좋은 모범이 있다면 그것을 따르라. 만일 경고가 있다면 그것에 주의하라. 만일 명령이 있다면 그것에 순종하라. 만일 약속이 있다면 그것을 믿으라.

예수님은 죽임을 당하시기 직전에 모든 신자를 위해서 이렇게 기도하셨다. "그들을 진리로 거룩하게 하옵소서 아버지의 말씀은 진리니이다"(요 17:17). 이것이 예수님이 아버지 하나님께 요청하신 것, 곧 하나님이 하나님 자신의 말씀을 사용하여 신자들로 하여금 하나님의 목적을 위해 구별된 삶을 살게 해달라는 것이었다. 우리의 생활양식은 우리의 믿음에 의해서뿐만 아니라 성경에 의해서 영향을 받아야 하며, 이것은 하나님의 뜻을 행하는 겸손한 응답을 필요로 한다.

신자들을 특징 짓는 것은 말씀을 듣기만 하는 자가 아니라 "말씀을 행하는 자"가 되는 것이라고 야고보는 말했다(약 1:22). 자기기만은 우리 자신에게 말해 성경에 순종하지 않게 하는 것이고, 따라서 우리 자신을 속여서 순종을 수반하는 하나님의 복을 받지 못하게 하는 것이다. 어떤 사람들은 자기들 성경에는 표시를 하지만, 그들의 성경은 좀처럼 그들에게 표시를 하지 못한다.

예수님은 산상설교를 끝마치실 때 순종의 복과 자기기만의 어리석음에 대해서 말씀하셨다. 예수님은 두 유형의 사람들, 곧 순종하는 사람들과 순종하지 않는 사람들을 집을 짓는 사람으로 묘사하셨다. 순종하는 사람들은 자기 집을 반석 위에 짓는 사람과 같은데, 폭풍우가 올 때 무너지지 않고 견딜 수 있다. 순종하지 않는 사람들은 자기 집을 모래 위에 짓는 사람과 같은데, 폭풍우가 올 때 무너지고 만다(마 7:24-27). 이 두 부류의 사람들은 진리를 들었지만 다르게 반응했다. 한 부류의 사람들은 다만 그것을 배웠을 뿐인 반면에 다른 부류의 사람들은 진실로 그것을 행했다.

바울은 디모데후서 3장 16절에서 성경은 하나님에 의해 감동이 되었고 4가지 점에 유익하다고 말하는데, 그것 중 3가지는 하나의 실제적인 강조점이 있다. "모든 성경은 하나님의 감동으로 된 것으로 교훈과 책망과 바르게 함과 의로 교육하기에 유익하니." 성경은 [우리가] 믿을 수 있고 옳고 그름의 완전한 기준으로 사용할 수 있는 지식에 유익하며 우리가 죄를 지은 후에 회복되고 계속해서 회복된 상태로 있기에 유익하다고 바울은 말하고 있다. 이 4가지의 유익한 점이 하나님이 신자들을 부르셔서 행하게 하시는 것은 무엇이든 할 수 있도록 그들을 온전하게 한다(17절).

∞∞∞∞∞∞∞∞∞∞∞∞∞∞∞∞∞∞

따라서 성경을 해석하는 것은 6가지 관찰 질문, 6가지 해석 원리 그리고 우리의 삶에 대한 필요한 적용을 포함한다.

3. 분류

성경공부 방법들을 검토하기

"베뢰아에 있는 사람들은
데살로니가에 있는 사람들보다 더 너그러워서
간절한 마음으로 말씀을 받고
이것이 그러한가 하여 날마다 성경을 상고하므로."

(행 17:11)

베뢰아 신자들은 바울의 설교가 진실한지 확인해 보려고 성경을 공부할 때 하나님의 말씀에 접근하는 방법에서 주도면밀했고, 십중팔구 내가 이 장에서 제안할 몇몇 공부 방법들을 사용하는 것 그 이상이었다. 성경공부의 모든 방법이 하나님의 말씀을 배우는 데 가치가 있지만, 우리가 사용하는 방법이 무엇이든지 간에 기억해야 할 점은 성경을 공부하는 것이 중요하다는 것이다. 매일 하나님의 말씀을 읽고 공부하는 습관을 들이면 유익하다.

다양한 성경공부 방법들을 아는 것의 유익한 점은 우리가 어떤 특정한 본문이나 주제나 심지어는 단어에 집중하면서 성경에 접근할 때 융통성을 발휘하는 데 도움이 된다는 것이다.

균형

성경공부의 다른 방법들을 살펴보기 전에 우리가 공부할 때 균형을 잡는 것에 관해 몇 가지 생각해보는 것이 적절하다.

1. 구약/신약

나는 성경을 공부할 때 다양한 방법들을 사용함으로써 균형을 맞추라고 강력히 권한다. 예를 들면, 신약을 공부하면서 보내는 시간은 구약을 연구함으로써 균형을 맞추어야 한다. 새 언약 하에서 살아가고 있는 신자들이 신약에서 예수 그리스도와 그분의 복음에 관하여 배우면서 시간을 보내고 싶어 하는 것은 놀랄만한 것이 아니지만, 구약은 신약에서 약 250번이나 인용된다. "구약은 신약을 포함하고, 신약은 구약을 설명한다"고 한다.

베뢰아 사람들이 성경을 자세히 살피고 있을 때, 그들은 구약을 공부하고 있었다. 신약은 그 당시에 기록되고 있는 중이었다. 초기 그리스도인들은 구약의 진리의 확고한 토대를 가지고 있었고, 신약의 진리가 점차로 통용됨에 따라 구약의 진리에 추가되었다. 이것은 하나님의 계시가 점진적이었다는 것을 의미한다.

놀라운 설교자 아볼로는 점진적인 계시를 받는 사람의 한 예이다. 그의 구약에 대한 설교는 능력이 있고 정확했지만, 그의 지식은 제한적이었다. 그가 가르치는 것을 들은 신자들인 아굴라와 브리스길라는 하나님의 계시에 대해 그와 더 많은 것을 나누었고, 아볼로는 그리스도를 섬기는 데에 더 효과적이 되었다(행 18:24–28).

2. 교리/기독교적 삶

다른 영역은 성경 교리에 대한 공부와 실제적인 기독교적 삶에 대한 공부 사이의 균형을 잡는 것이고 어떻게 교리적 진리를 일상생활에 적용하는가 이다.

바울의 설교는 이것을 수행했다. 그는 에베소 장로들에게 이렇게 말했다. "이는 내가 꺼리지 않고 하나님의 뜻을 다 여러분에게 전하였음이라"(행 20:27). "하나님의 뜻을 다"라는 말은 기독교적 삶에서 교리와 의무 두 가지 모두를 포함하는 하나님의 계시와 관련된 포괄적인 용어이다. 그가 의도적으로 자신의 가르침에서 빠뜨린 주제는 없다. 그의 설교는 균형이 잡혀 있었는데, 왜냐하면 그는 자신의 설교를 듣는 사람들도 그와 같이 되기를 원했기 때문이다.

우리의 공부도 그와 같아야 하는 데, 그러므로 우리는 더 광범위한 진리의 범위와 우리가 의거할 수 있는 이해의 좋은 토대를 얻게 된다.

그리스도인 중에는 그저 이따금 자기의 흥미를 자극하는 것들을 공부하는 것으로 만족하는 것처럼 보이는 이들이 있는가 하면, 베스트셀러 목록에 발표되는 최근의 기독교 서적들만을 주로 읽는 이들이 있다. 나의 의도는 대중적인 기독교 서적들을 비판하는 것이 아니다. 왜냐하면 진리에 대한 모든 추구는 유익하기 때문이다. 그러나 나는 때때로 성경을 전체적으로 사용하는 것을 무시하는 빈약한 공부 습관을 염려한다.

요점은 이것이다. 우리는 다양한 방법을 사용하는 균형 잡힌 성경공부 계획에 참여해야 한다는 것이다. 신체 건강에 있어서 우리가 즐기는 음식만을 먹는 것-간편식과 단것들-은 건강을 증진하는 데 도움이 되지 않을 것이다. 균형식이 필요하다. 이것은 우리가 성경을 공부할 때도 마찬가지이다.

여섯 가지 중요한 성경공부 방법들

1. 주해적 방법

주해적 성경공부는 2장에서 살펴본 관찰, 해석 그리고 적용 지침을 사용하여 성경 각 권을 절별로 공부하는 것을 의미한다. 이 방법의 이점은, 그것은 책 전체에 걸친 저자의 사고의 흐름을 밝혀준다는 것인데, 그것은 각 절을 더 정확하게 이해하는 데에 도움이 된다. 이 방법은 절들이 서로 어떻게 관련되는지에 관해 더 많이 생각할 필요가 있지만 결국에는 더 잘 이해하게 된다. 성경 주해서들은 특히 이 방법에 유용하다.

2. 조사 방법

우리가 조사 방법(he survey method)을 사용할 때, 우리는 각 절의 세부 사항들보다는 일반적인 정보를 알기 위해서 성경 각 권을 전체로서 공부한다. 우리는 저자, 그가 기록하고 있는 장소, 그의 저술 스타일, 테마, 그 책에 포함된 주요 주제들(topics), 그것의 수신자가 누구인지 그리고 그 수신자들이 직면하고 있었을지도 모를 문제들이나 상황들과 같은 주제들(subjects)을 탐구한다. 사건들의 정치적 배경과 연대기를 살펴보면 왜 어떤 사건들이 일어났는지 알게 될 것이다.

우리는 또한 구약이나 신약 전체를 조사하므로 성경 각 권이 어떻게 나뉘고 서로에게 어떻게 관련되는지를 이해하게 된다. 39권의 구약 책들은 5가지 범주로 나뉠 수 있다.

- 창세기에서 신명기까지 첫 번째 5권의 책들은 율법서 또는 오경(5권을 의미함)으로 알려져 있다.
- 여호수아로부터 에스더까지는 12권의 역사서이다.
- 욥기에서 아가까지는 5권의 시가서이다.
- 이사야로부터 다니엘까지는 5권의 대선지서이다.
- 호세아로부터 말라기까지는 12권의 소선지서이다.

구약은 본래 히브리어로 기록되었지만 몇 부분은 아람어로 기록되었다. 그것들은 주로 하나님과 그분이 선택하신 백성과의 관계를 다룬다.

본래 헬라어로 기록된 27권의 신약은 4가지 범주로 나눌 수 있다.

- 4권의 복음서와 사도행전은 역사서들이다.
- 로마서부터 빌레몬서까지 그다음의 13권의 책들은 사도 바울이 교회들이나 개인들에게 보낸 서신서들이다.
- 히브리서부터 유다서까지 그다음의 8권의 책들은 공동서신이라고 불린다.
- 예언서인 요한계시록은 신약을 적절하게 끝맺는다.

성경 백과사전, 성경 사전 그리고 구약과 신약 개요는 모두 성경을 조사할 때 유익하다.

3. 주제별 방법

때때로 우리에게는 우리가 성경에서 관심을 가지고 공부하고 싶은 특정 주제가 있다. 우리는 성경이 그것에 관해 말하는 모든 것을 모으고 그다음에 그 정보를 체계화하기를 원한다. 우리는 성경 용어색인과 주제별 성경을 사용하여 성경 전체에서 그 주제들에 관한 특정한 구절들을 찾을 수 있다. 따라서 우리는 각 주제가 구약과 신약에서 그리고 각각의 성경 저자들에 의해서 어떻게 다루어지는지를 볼 수 있다.

이 방법은 특히 내가 젊은 그리스도인이었을 때 유익했다. 왜냐하면 나에게는 교리적 물음들이 아주 많았기 때문이다. 내가 읽은 첫 번째 연구서 중 하나는 루이스 스페리 채퍼(Lewis Sperry Chafer)의 「주요 성경 테마들」(Major Bible Themes)이었는데(후에 존 월부어드[John Walvoord]에 의해 개정됨), 그것은 52개의 성경 교리에 대한 책이었다. 나는 하나님이 특정한 주제들에 관해 말씀하지 않을 수 없었던 것을 더 잘 알기 위해 그것들에 집중했다.

성경에는 교리들과 주제들의 방대한 목록이 있다. 성경 백과사전은 많은 주제에 관한 광범위한 소론들을 제공한다.

주제별 성경공부의 약점은 절들이 문맥에서 벗어나게 되면 잘못 해석될 수 있다는 것이다.

4. 전기적 방법

성경 안에 있는 각각의 사람들은 흥미롭다. 그러므로 우리는 인물 개요를 발전시켜 나가기를 원할지도 모른다. 성경은 2천 9백 명 이상의 사람들을 언급하는데, 일부는 단지 이름만을 언급한다. 주제별 공부 방법에서처럼, 우리는 용어색인을 사용하여 그 이름이 나오는 모든 성경 구절을 찾을 수 있다. 우리는 그 본문들이 모두 동일한 인물을 지칭하는지 반드시 주의해야 한다. 성경에는 마리아란 이름의 여자가 6명이나 나오고, 요한이란 이름의 남자는 5명이나 나오며, 야고보란 이름의 남자도 5명이나 나온다.

하나님의 능력을 믿는 믿음을 통해 신자들은 몇 가지 놀라운 일을 해냈다(히브리서 11장을 보라). 이 사람들은 우리를 위한 모범들이며, 하나님이 어떻게 자기 자녀들로 하여금 자기의 뜻을 행하게 하실 수 있는지를 증언하는 증인들이라고 불린다.

하나님은 자기 종들의 약점을 감추지 않으신다. 하나님의 마음에 맞는 사람 다윗은 헷 사람 우리아의 일로 죄를 지었다(왕상 15:5). 엘리야는 성정이 우리와 같은 사람이었다(약 5:17). 이런 종류의 정보는 우리에게 용기를 북돋운다. 그들의 경험을 통해 우리는 하나님이 용서하고 참으신다는 것과 그분은 계속해서 기회를 주시는 하나님이라는 것을 알게 된다.

인물 개요를 발전시킬 때, 허버트 록키어(Herbert Lockyer)가 쓴 「성경의 모든 남자」(All the Men of the Bible)와 「성경의 모든 여자」(All the Women of the Bible)나 존 맥아더(John MacArthur)가 쓴 「12명의 보통 남자」(Twelve Ordinary Men)와 「12명의 특별한 여자」(Twelve Extraordinary Women)와 같은 연구서가 도움이 될 것이다.

5. 단어 연구 방법

어떤 사람이 기독교 신앙에 초보라면 어떤 용어들은 생소할지도 모른다. 속죄, 구속, 전가, 칭의 그리고 성화는 성경에서 하나님의 구원의 메시지에 기본적이다. 성경의 단어들은 하나님이 감동하신 단어들이며, 그러므로 그것들은 우리의 공부의 일부가 된다. 하나님은 우리가 그것들을 이해하기를 바라신다. 용어색인을 사용하면 이러한 단어들이 어디에 있는지를 알아낼 수 있으며 그것들이 어떻게 사용되는지를 볼 수 있다.

몇몇 헬라어 단어들은 아마도 하나의 영어단어로 번역될 것이다. 「스토롱의 완전 용어색인」(Strong's Exhaustive Concordance)과 같은 공부 도구를 사용하는 것은 의미의 다양성을 이해하는 데 필수적이다. 몇 가지 예를 살펴보자.

세상

3개의 헬라어 단어들은 모두 영어단어 세상(world)으로 번역된다. 헬라어 단어 코스모스는 요한복음 3장 16절에서 사용된다. "하나님이 세상을 이처럼 사랑하사 독생자를 주셨으니." 이 단어는 하나님께 반항하고 사탄에 의해 지배를 받는 구원 받지 못한 사람들의 세상 질서를 나타낸다.

헬라어 단어 아이온(aion)은 로마서 12장 2절에서 사용된다. "너희는 이 세대를 본받지 말고." 그것은 우리가 살아가는, 그릇된 사상과 악으로 영향을 주는 특정한 시대를 나타낸다. 필립(J. B. Philips)은 이것을 "여러분의 주변 세상이 여러분을 압착해서 그것의 틀대로 모양 짓지 않게 하라"(Don't let the world around you squeeze you into its mold.)로 번역한다.

헬라어 단어 오이쿠메네(oikoumene)는 마태복음 24장 14절에서 사용된다. "이 천국 복음이 모든 민족에게 증언되기 위하여 온 세상에 전파되리니." 마태는 사람들이 살고 있는 세상을 말한다.

사랑

우리는 약간 다른 의미를 지닌 3개의 헬라어 단어를 번역할 때 영어 단어 사랑(love)을 사용한다. 부활의 주 예수님이 요한복음 21장 15-19절에서 베드로와 대화를 나누실 때 그 헬라어 단어 중 2개가 사용된다.

베드로가 주님과 아는 사이라는 것을 세 번 부인했기 때문에, 예수님은 베드로에게 진정 자기를 사랑하는지 그에게 세 번 물으셨다. 처음 두 번의 물음에서 예수님은 헬라어 단어 아가페(agape)를 사용하시는데, 그것은 자기희생적 사랑(요한복음 3장 16절에서도 사용됨)을 나타낸다. 베드로는 대답할 때 사랑을 뜻하는 다른 헬라어 단어, 곧 그저 맹목적 사랑을 강조하는 필레오(phileo)를 사용한다. 아마도 그는 여전히 너무 부끄러워서 전적인 애정 어린 헌신을 강조하는 그 말을 사용할 수 없었기 때문일 것이다.

예수님은 세 번째로 같은 물음을 하실 때 베드로가 사용한 필레오라는 단어를 사용하심으로써 자신에 대한 베드로의 맹목적 사랑조차도 의문시하신다. 예수님이 이렇게 의도적으로 헬라어 단어들을 바꾸신 것을 영어 성경에서는 파악할 수 없지만, 그것이 바로 베드로가 비탄에 잠기게 된 이유이다.

날

문맥은 또한 단어의 의미와 중요한 관계가 있다. 예를 들면, 성경에서 사용된 대로 날이라는 단어는 문맥에 의해서 결정되는 몇 가지 의미를 지니고 있다. 창세기 1장 5절에는 두 개의 의미가 있다. 빛(light)의 12시간은 낮이라고 불리고, 반복구인 "저녁과 아침"이 나타내는 24시간의 기간도 날이라고 불린다. 날이 수를 나타내는 형용사와 함께 나올 때(첫째 날, 둘째 날), 그것은 일관되게 24시간의 기간을 나타낸다. 창세기 2장 4절에서 날은 또한 전체 창조 주간을 나타낸다. 시편 20편 1절에서 날은 무기한의 시간을 나타낸다.

6. 말씀 묵상 방법

많은 그리스도인이 말씀 묵상 방법에 대해 말할 때 "개인적인 말씀 묵상 시간을 갖기"라는 말을 사용한다. 이 유형의 공부는 다른 유형들보다 덜 전문적이며, 주로 하나님이 우리에게 가까이하실 수 있도록 하나님께 가까이하면서 하나님과 우리의 관계를 심화하기 위해서 개인적으로 감화를 받고 격려를 받으려는 것이 그 목적이다. 성경 읽기, 기도 그리고 아마도 짧은 메시지를 담고 있는 경건 서적을 읽는 것은 일반적으로 말씀 묵상의 일부이다.

3권의 인기 있는 매일 묵상 소책자는 「일용할 양식」(Our Daily Bread), 「찬양의 날들」(Days of Praise) 그리고 「오늘의 말씀」(Today in the Word)이다. 찰스 스펄전(Charles Spurgeon)의 「아침과 저녁」(Morning and Evening)은 하루의 시작을 위한 메시지와 하루의 끝을 위한 메시지를 제공하는 고전적인 말씀 묵상 도구이다. 또 하나의 고전은 오스왈드 챔버스(Oswald

Chambers)의 「주님은 나의 최고봉」(My Utmost for His Highest)이다.

묵상(meditation)은 말씀 묵상 방법의 일반적인 부분이다. 이것은 하나님의 말씀과 사역의 의미를 곰곰 생각하고 성찰하는 실천이며 그것들을 우리의 삶에 적용하는 것이다. 멀리 떨어져 있는 사랑하는 사람으로부터 한 통의 편지를 받은 사람은 누구나 묵상의 의미를 이해한다. 우리는 그 내용을 읽고 또 읽는다. 그런 다음, 그것에 관해 생각한다. 시인은 "내가 주의 법도들을 작은 소리로 읊조리며 주의 길들에 주의하며"(시 119:15)라고 말했다.

우리의 묵상은 하나님의 말씀이 어떻게 우리의 특별한 매일의 활동들에 적용되는지를 우리가 깊이 생각함에 따라 온종일 희망차게 계속된다. 복은 여호와의 율법을 즐거워하고 그것을 주야로 묵상하는 사람들을 기다린다(시 1:2).

우리는 마태복음 4장의 주 예수님처럼 유혹을 만날 때 우리가 배운 성경을 사용하여 변함없이 충실할 수 있다. 시인은 이렇게 말한다. "내가 주께 범죄하지 아니하려 하여 주의 말씀을 내 마음에 두었나이다"(시 119:11).

주님을 알지 못하는 사람들에게 좋은 증인이 되려면 그들에게 영적으로 도움이 될 적합한 복음 구절들을 상기할 수 있어야 한다. 많은 신자가 불신자와 대화를 해가면서 스스로에게 이렇게 말했다. "오, 그 특정한 구절을 기억할 수 있었더라면 좋으련만." 그들은 그들이 알고 있고 그 대화에서 도움이 되었을 구절들이지만 결코 암송하려고 하지 않았던 구절들을 말하고 있다.

우리는 [성경] 공부의 말씀 묵상 방법을 통하여 우리가 그리스도에 의해 구원을 받았다는 것과 그리스도께서 자기의 뜻을 행하도록 우리를 강화할 지식과 매일 만날 준비를 하게 된다.

성경을 통독하기

나는 6가지 성경공부 유형을 제시했으므로 [이제] 권할 만한 공부 활동을 한 가지 더, 곧 성경 통독을 언급하면서 이 장의 결론을 내리고 싶다.

성경 읽기는 그리스도인의 삶에서 계속 진행 중인 활동이어야 한다. 나는 1년에 성경을 통독하는 그리스도인들을 훌륭하다고 생각한다. 나는 결코 그것을 해내지 못했는데, 왜냐하면 나는 내가 본문에서 우연히 만나고 그때 공부하고 싶은 문제들에 사로잡혀 쉽게 옆길로 벗어났기 때문이다. 결과적으로, 나는 나의 읽기 일정표를 따라가지 못하고 밀리고 말았다. 맨 처음에는 내가 성경을 통독하는 데 5년이나 걸렸다. 그것은 주제에서 벗어나 있고 분명하게 이해할 수 없는 혼란스럽게 하는 장문들이었다! 두 번째 성경 통독은 3년이 걸렸다. 지금까지 이것이 나의 최고의 시도였다. 우리에게 욥의 태도가 있다면, 우리는 성경 통독을 마치는 데 얼마나 걸리든지 하나님의 말씀 안에 머무를 것이다. 그는 이렇게 말했다. "내가 그의 입술의 명령을 어기지 아니하고 정한 음식보다 그의 입의 말씀을 귀히 여겼도다"(욥 23:12).

성경공부의 활동은 방법보다 더 중요하지만, 이 방법들을 사용하는 것을 배우게 되면 성경의 위대한 진리를 발견하게 되는 문들이 열린다는 것을 기억하라. 나이키 광고에서 말하듯이, "일단 한번 그것을 해 보라."

4. 협력
성경공부 도구들을 사용하기

"네가 올 때에
내가 드로아 가보의 집에 둔 겉옷을 가지고 오고
또 책은 특별히 가죽 종이에 쓴 것을 가져오라."

(딤후 4:13)

　　바리새인이자 기독교 복음 설교자로서 바울은 위대한 성경학자였다. 그가 디모데에게 책들을 가져오라고 썼을 때 어떤 책들을 가져오라고 했는지 실제로 아무도 모른다. 그러나 그것들은 성경 외의 것들이었을 가능성, 곧 그것들은 그가 혼자 성경을 공부할 때 도움을 줄 수 있는 책들이었을 가능성이 있다.

　　이 장에서 나는 "일꾼"(딤후 2:15)에게 유익한 성경공부 도구들을 제시할 것이다. 모든 일꾼에게는 자기 일을 하기 위해 작업 도구들이 필요하다. 성경학자들의 연장통은 개인 서재이고, 그들의 도구는 그들이 성경을 이해하는 것을 돕는 연구서들과 연구에 도움이 되는 것들이다. 작업장은 그들이 연구하는 그 특별한 장소이다.

성경학자들이 산출하는 연구자료들은 그리스도인들에게 유익하다. 왜냐하면 그리스도인들은 이러한 그리스도의 종들이 그들 자신의 연구를 통해 얻은 통찰을 활용할 수 있기 때문이다. 연구서들은 중요하지만 그 자체의 역할만을 해야 한다. 그것들은 성경과는 달리 하나님의 감동으로 되지 않았다. 그것들은 어떠한 성경 본문에 대해서도 최종적인 결정이 아니다. 우리의 주된 진리의 출처는 성경이다. 솔라 스크립투라(sola scriptura)는 개신교 종교개혁 기간 동안 확립된 라틴어 경구로서 "오직 성서만으로"를 의미한다. 개혁자들은 그 선언을 사용하여 하나님의 말씀을 교리와 실천을 위한 자신들의 유일한 권위로 확립했다. 하나님의 말씀은 우리의 삶에서 정당한 자리에 있어야 한다.

그리스도인들이 주일에 예배하고 공부하기 위해 만날 때 성경을 펼쳐놓고 가르쳐야 한다는 것이 지금까지 나의 확신이다. 드물기는 하지만, 나는 공부 시간에 주일학교 편람은 펴놓고 성경은 덮어 놓은 채로 (물론, 내 성경은 아니었지만) 토의를 했던 곳들에 있어 본 경험이 있다. 이런 종류의 활동은 공적인 환경에서 [당연한 것임에도] 성경을 정당하게 우선시하지 않는다. 그것이 공적인 환경이든 사적인 환경이든, 우리는 우리가 성경에 주의를 기울이는 것보다 우리의 공부 도구들에 더 많은 주의를 기울이지 않도록 해야 한다.

그리스도인들은 또한 추종자들(ites)이 되는 것에 주의해야 한다. 이들은 어떤 믿을 만한 기독교 작가가 말하거나 쓰는 모든 것을 무의식적으로 받아들이는 신자들이다. 인기 있는 현대 기독교 작가들의 이름을 사용하기 때문에, 이 사람들은 스윈돌 추종자들(Swindolites), 루케이도 추종자들(Lucadoites) 또는 라헤이 추종자들(LaHayeites)로 알려질 수 있다.

이것은 사도 바울도 다루었던 오래된 문제인데, 그 당시 그는 고린도 교회에 이렇게 물었다. "어떤 이는 말하되 나는 바울에게라 하고 다른 이는 나는 아볼로에게라 하니 너희가 육의 사람이 아니리요"(고전 3:4). 우리 모두에게는 우리가 좋아하는 작가들이 있지만 그들도 빨리 이 점을 분명히 해야 한다. 사람들을 추종하는 사람들이 되지 않도록 하기 위해서이다. 사람들의 말은 언제나 참된 것인지 확인해야 하며 그저 그것을 말하고 있는 사람 때문에 받아들여서는 안 된다.

그리스도인 중에는 연구서들을 사용해야 하는지 논쟁을 벌여온 이들이 있다. 그들은 오직 성경 자체만을 공부해야 한다고 믿는다.

어리고 감수성이 예민한 신자로서 나는 내가 출석했던 교회의 두 그리스도인 사이에 벌어진 논쟁을 들은 것을 기억하고 있는데, 그들은 이것에 관해 상반된 견해를 가지고 있었다. 한 사람은, 하나님은 오직 자신의 성령에 의해서만 성경을 통해 말씀하시기 때문에 연구서들은 사용하지 않아야 한다고 말했다. 이것은 매우 영적인 것처럼 들렸다. 다른 사람은, 하나님은 또한 우리가 자신의 말씀을 더 잘 이해할 수 있도록 돕는 보조물로서 연구서들을 사용하실 수 있다고 믿었다. 누가 옳은 가?

현재 아내와 나의 개인 서재에는 6백 권 이상의 연구서들이 있다. 오직 성경만이라는 견해는 경제적인 측면에서는 매력적인 것이지만, 나는 그것이 옳다고 믿지는 않는다. 왜냐하면 앞에서 진술한 대로 하나님은 다소의 사람들에게 가르침의 은사를 부여하셨기 때문이다. 이것은 그저 다른 사람들을 가르칠 수 있는 자연적인 능력을 말하는 것이 아니다. 이것은 구원 이후에 하나님이 부여하신 초자연적 능력이다(고전 12:11, 28).

특별한 은사를 지닌 교사는 말과 글을 통해서 사역할 수 있다. 정보를 얻는 방식은 문제가 되지 않는다. 하나님은 성숙한 신자들을 사용하셔서 일대일의 상호작용이나 소그룹의 상호작용의 직접적인 접촉을 통해서 그리고 출판물, 카세트테이프, 콤팩트디스크(CD) 등에 의한 간접적인 접촉을 통해서 다른 신자들을 제자로 삼으신다.

이 자료 중 어떤 것도 성경을 공부하면서 많은 시간을 보낼 필요를 없애지 못한다. 우리가 성경을 공부할 때 우리를 도울 수 있는 몇 가지 이용 가능한 자료들을 살펴보자. 내가 언급하는 제목들은 내가 사용했던 책들에서 온 것들임에 유의하기 바란다. 어떤 것들은 현재 절판되었거나 제목을 약간 바꾸어 최신판으로 출판되었을지도 모른다. 그러나 모든 것은 도서관이나 서점 또는 중고서점에서 찾을 수 있을 것이다.

성경공부를 돕는 보조물들

1. 스터디 바이블

어떤 새 신자가 어느 가정 성경공부반에 초대를 받았을 때, 나는 그 안에 수많은 추가적인 연구 주해(study notes)가 달린 성경을 가진 사람들을 보고는 깜짝 놀랐다. 나는 결코 그와 같은 성경을 본 적이 없다. 나는 이내 「새 스코필드 관주 성경」(New Scofield Reference Bible)을 샀다. 몇 년 후에 이것이 닳아서 못 쓰게 되었을 때, 나의 다음 성경은 「라이리 스터디 바이블」(Ryrie Study Bible)이었다. 나의 아내는 「맥아더 스터디 바이블」(MacArthur Study Bible)을 사용한다. 내가 알고 있는 다른 사람들은 「생활 적용 스터디 바이블」(Life Application Study Bible)을 사용한다. 이것들은 다양한 영어번역본으로 당장 이용 가능한 긴 스터디 바이블 목록에서 단지 일부에 불과하다.

한 가지 기억할 것은 스터디 바이블 안에 있는 주해는 사람들이 설명하는 말이지 하나님의 권위 있는 말씀이 아니라는 것이다. 공부 보조물들은 즉각적인 도움을 주는 것으로 제공되며 우리의 공부의 목적으로 여기지 않아야 한다. 우리는 우리의 스터디 바이블에 있는 설명에 너무 지나치게 의존하지 않아야 한다. 그것들은 성경의 각 권에 대한 유용한 서론과 개요를 가지고 있을 것이다. 그러므로 우리는 [성경의] 각 권이 어떻게 서로 잘 맞는지 알 수 있다. 본문, 교리, 기독교적 삶에 관한 설명 주해는 모든 페이지에 나온다. 몇몇 스터디 바이블에는 도표,

소론, 다방면에 걸친 상호 관주(cross-reference), 용어색인, 주제별 색인 그리고 매우 많은 지도가 있다.

성경 사전과 백과사전

우리에게 필요한 첫 번째 도구 중에는 성경 사전과 백과사전이 있다. 그것들에는 단지 용어들의 정의 그 이상의 것이 있다. 그것들에는 그 주제에 관한 유용한 설명이 달린 주요한 성경 주제들에 관한 간략한 소론들이 있다. 이러한 책들은 A부터 Z까지 다양한 범위의 주제들을 포함하며 그것들을 반복적으로 사용하여 익숙하게 되는 참고 도구로 만든다. 나는 「뉴 엉거스의 성경 사전」(The New Unger's Bible Dictionary), 「존더반 그림 성경 사전」(Zondervan's Pictorial Bible Dictionary) 그리고 5권으로 된 전집인 「국제 표준 성경 백과사전」(The International Standard Bible Encyclopedia)을 추천한다.

포괄적 용어색인

포괄적 용어색인은 모든 참고자료를 싣고 있기에 거기에서는 어떤 성경 단어도 찾을 수 있다. 여러분이 한 구절의 몇 가지 단어만을 기억할 수 있다면, 여러분은 그 단어 중 하나를 찾아볼 수 있고 이 책은 여러분이 그것의 참고자료를 찾는 데 도움이 된다. 종종 여러분은 또한 뒷부분에서 구약 히브리어 단어들과 신약 헬라어 단어들에 대한 영어 사전을 찾아볼 것이다. 여러분이 사용하는 용어색인이 여러분이 사용하는 성경 번역본과 맞는지 확인하는 것은 중요하다. 「스트롱의 포괄적 용어색인」(The Strong's Exhaustive Concordance)은 흠정역(the King James Version)에 맞게 되어 있다. 나는 성경 다음으로 내가 가지고 있는 다른 어떤 자료들보다 이 도구를 더 많이 사용한다.

주제별 성경

주제별 성경은 성경 용어들을 알파벳순으로 싣고 있어서 여러분이 찾고 있는 용어가 발견되는 곳에 정선된 참고자료를 제공한다. 여러 번, 구절 전체가 자세히 쓰여 있으므로 여러분은 그 책에서 그 구절을 읽을 수 있다. 더 큰 주제들은 하위 범주들로 분류되어 있어서 여러분은 특별히 강조하는 구절들을 발견할 수 있다. 예를 들면, 「네이브의 주제별 성경」(Nave's Topical Bible)에서 신앙(faith)이란 단어는 다음의 부제들을 가지고 있다. 신앙의 금지(faith enjoined), 신앙의 예증(faith exemplified), 그리스도를 믿는 신앙(faith in Christ), 신앙의 시련(the trial of faith). 여러분이 단어 연구나 인물 개요를 할 때 이 자료를 사용하라.

주해 사전

성경의 단어들을 공부할 때 주해 사전을 사용하라. 웹스터 영어사전은 어느 정도는 좋지만, 그것은 본래 영어를 다룬다. 우리는 신약을 공부할 때 헬라어 단어들을 영어로 번역한 것을 다루고 있다. 이 공부 보조물은 구절들에서 사용된 원문의 헬라어 단어들을 조사하고 그다음에 간단히 그 단어의 정의를 내리고 설명한다. 그것은 또한 신약에서 그 헬라어 단어가 나오는 곳에 대한 정선된 참고자료를 가지고 있다. 나는 바인(W. E. Vine)이 쓴 「구약과 신약 용어 주해 사전」(The Expository Dictionary of Old and new Testament Words)을 추천하다.

성경 지도책들

주해적 소론(explanatory articles)이 딸린 성경 안에 있는 지리에 대한 더 자세한 기술을 원하는 사람들에게 이것은 사용하기에 좋은 책이다. 지도책들은 성경의 뒷부분에 나오는 지도들보다 훨씬 더 많은 것들을 포함한다. 이 자료는 다른 자료들만큼 자주 사용되지는 않겠지만 성경 시대의 장소들과 여행을 더 잘 이해하는 데 도움이 된다.

주석서들

이것은 내가 좋아하는 공부 보조물의 범주이다. 내가 소장하고 있는 책 중 대부분은 주석서들이다. 이 책들을 사용하는 것은 하나님의 탁월한 사람들에게 가르침을 받는 것과 같다.

어떤 주석서들은 본질적으로 주해적이며, 개개의 구절들을 설명하고 그것들이 어떻게 서로 잘 맞는지를 분석한다. 이것들은 대개 성경책 전체의 개요를 포함한다.

다른 주석서들은 더 말씀 묵상적이며 기독교적 삶을 위한 교훈들을 강조한다.

어떤 것들은 본질적으로 전문적이며 원어들을 면밀히 연구한다.

여러분이 몇몇 주석서를 읽고 나면 대개는 더 두꺼운 책들이 더 많은 도움이 된다는 것을 알게 될 것이다. 왜냐하면 그것들은 더 많은 문제(issues)를 다루기 때문이다. 대개 제기하는 난해한 문제들이 다루어지며 가능한 해결책을 포함한다.

성경학자들이 쓴 주석서들을 읽음으로써 개인적으로 얻게 되는 유익은 여러분이 전문가들이 말하는 것들에 비추어 여러분 자신의 결론을 검토할 수 있다는 것이다. 이것은 분명히 여러분이 주석서를 참고하기 전에 여러분 스스로 성경 본문과 상호작용하는 것을 필요로 한다. 우리는 주석서들을 공부하는 법을 배우는 것이 아니라 성경을 공부하는 법을 배우고 있다는 것을 기억하라.

주석서들이 어떤 본문에 대해서도 최종적인 결정이 아니다. 성경학자들조차도 때때로 의견이 다르다. 나의 변변찮은 경험으로 볼 때, 나는 어떤 성경 주석가와도 의견이 완전하게 일치하지 않는다는 것을 알게 되었다. 나는 이것이 성경을 진지하게 공부하는 대다수의 사람들의 결론이라고 생각한다.

나에게 도움이 된 책들은 「성경 전체에 관한 제이미슨, 포세트, 그리고 브라운 주석」(Jamieson, Fausset, and Brown Commentary on the Whole Book)과 같은 성경 전체를 포함하는 단권의 책들이었다(그것은 한 권의 책이다!). 신약 전체나 성경 전체를 포함하는 전집들은 6권으로 된 매튜 헨리(Matthew Henry) 주석, 2권으로 된 월부어드(Walvoord)와 주크(Zuck)

의 「성경 지식 주석」(The Bible Knowledge Commentary), 6권으로 된 워렌 위어스비(Warren Wiersbe)의 「성경 해설 주석」(The Bible Exposition Commentary)을 포함한다. 훨씬 더 큰 전집들은 헨드릭슨(Hendriksen)과 키스트메이커(Kistemaker)의 「신약 주석」(The New Testament Commentary) 시리즈와 「맥아더 신약 주석」(MacArthur New Testament Commentary) 시리즈이다.

저자들에 관해 알아내야 할 첫 번째 것 중 하나는 그들의 신학적 신념이다. 그들 중에는 세대주의적 관점에서 글을 쓰는 사람들이 있는가 하면, 개혁주의적 관점에서 글을 쓰는 사람들도 있다. 이것은 책들의 내용에 교리적 차이점들이 있기 때문에 미리 알아두는 것이 좋다. 여러분의 목회자는 이것을 도울 수 있을 것이고 어떤 것을 사야 할지 조언을 해 줄 수 있을 것이다.

녹음된 설교들

설교는 카세트테이프, 콤팩트디스크(CD) 그리고 온라인에서 이용할 수 있다. 설교를 듣는 것은 자유 시간을 사용하여 여러분의 지식을 증가시키는 방법이다. 만일 여러분이 많은 시간을 차로 이동하면서 보내되 다른 것들을 위해서 시간을 사용하지 않는다면, 여러분은 성경 메시지의 시간을 청취할 수 있다. 여러분은 또한 가정이나 정원에서 연구과제를 처리하면서 성경 교사들이 들려주는 이야기를 청취할 수 있다.

성경 공부 자료들을 얻기

나는 성경공부 도구들을 얻을 수 있는 곳에 관해 몇 가지 말하고 싶다. 모든 그리스도인은 몇 가지 기본적인 연구서들을 가지고 있어야 한다. 여러분의 개인적인 서재를 개발하려면 여러분이 필요로 하는 책들에 대한 소원 목록을 작성하라. 나는 내가 익숙하지 않은 책들을 구입하지 않는 법을 어렵게 배웠다. 내가 그리 좋지 않은 책 열 권을 사는데 썼던 돈이라면 좋은 책 한 권을 살 수 있었을 것이다. 여러분에게 귀중한 여러분의 서재에 공부 도구들을 더하라. 여러분이 생각하기에 이 기획을 도울 수 있는 그리스도인들에게서 추천을 받은 다음에 여러분이 사는 지역의 기독교 서점이나 인터넷 서점을 방문하라.

여러분은 또한 여러분이 출석하는 교회 도서관이나 많은 공공 도서관에서도 성경공부 책들을 빌릴 수 있다. 만일 공공 도서관에 여러분이 찾고 있는 제목이 없다면, 다른 도서관에 그 책을 요청할 수 있을 것이다.

인터넷은 아주 많은 무료 성경공부 도구들을 제공한다. 사람들은 종종 그들이 인터넷에 접촉할 때 너무 많은 시간을 소모한다고 말을 한다. 그것이 여러분에게도 해당한다면, 여러분은 온라인으로 성경을 공부하는 데 그 시간을 사용하고 싶어 할지도 모른다.

여기에 임의의 순서로 약간의 설명을 덧붙인 웹사이트 목록이 있다. 이 사이트들에는 아래에 설명하고 있는 것보다 훨씬 더 많은 것이 있다. 그뿐 아니라 다른 성경공부 사이트들과도 연결하여 놓았다. 여러분도 여러분에게 도움이 되는 웹사이트를 발견하게 되면 그 사이트를 반복적으로 방문할 수 있도록 여러분의 즐겨찾기에 성경공부 파일을 연결하여 놓아라.

bible. org

여러분은 주제나 구절에 따른 소론들을 발견할 것이다. 그것들은 온라인 성경 사전들, 용어색인들, 백과사전들 그리고 다방면에 걸친 문답 부분을 가지고 있다. 네비게이션(NAVIGATION) 아래에 있는 사이트 맵(SITE MAP)을 클릭하라. 그런 다음, 다른 사이트들에 연결하기(LINKS TO OTHER SITES)를 클릭하여 참고자료가 달린 다수의 기독교 웹을 찾아보라.

crosswalk.com

주석서, 용어색인, 사전 그리고 백과사전을 위해서는 자료들(RESOURCES) 아래에 있는 성경공부 도구들(BIBLE STUDY TOOLS)을 클릭하라.

studylight.org

매일 말씀묵상, 주석서, 용어색인, 사전 그리고 설교 보조물을 찾으려면 컴퓨터 화면의 왼쪽 부분을 연구자료(Study Resources)까지 내려라.

preceptaustin.org

이 웹사이트 전체의 알파벳 목록을 보려면 사이트 색인(Site Index)을 클릭하라. 단어에 관한 많은 소론을 찾으려면 검색 상자에 성경 단어를 타자해서 넣어라. 구절별 해설이 있는 성경 주석들, 사전들 그리고 지도들이 이용 가능하다.

ccel.org

CCEL은 기독교 고전 천상 도서관(Christian Classics Ethereal Library)의 약자이다. 검색 표(SEARCH tab)를 클릭하여 성경 참고자료, 고전 기독교 저자 또는 성경 용어에 대한 정의들로 검색하라.

biblebb.com

여기에서 여러분은 과거의 탁월한 설교자들의 설교나 소론들, 맥아더(MacArthur) 주석서들 그리고 기다란 문답 목록을 발견할 것이다.

rbc.org

이것은 라디오 성경공부반 사역(Radio Bible Class Ministries) 웹사이트이다. 다양한 주제들과 자료들로 이루어진 드롭다운 메뉴(drop-down menu, 메뉴 바에서 아래로 펼쳐지는 메뉴 표시 형식-역주)를 보려면 성경공부(BIBLE STUDY)를 클릭하라. 여러분이 검색하고 있는 주제를 찾을 때까지 계속해서 링크를 클릭하라.

이 성경공부 자료들은 모두 여러분의 개인 공부에 도움이 될 것이다.

정리하기

나의 마지막 제안은 여러분이 성경을 공부하면서 기록한 여러분 자신의 노트를 모아서 그것들을 항목별로 정리하여 보관하라는 것이다. 여러분이 공부한 노트를 보관하기 위해 2개의 3공 바인더를 준비하라. 하나의 공책은 성경 주제들에 따른 공부 노트용으로 사용될 수 있고, 다른 공책은 성경 관주들에 따른 공부 노트용으로 사용될 수 있다. 여러분 자신이 하나님의 말씀을 공부할 때 하나님이 여러분에게 가르치신 것을 나중에 보고 읽는 것은 복이다.

5. 동기부여
생각을 실행에 옮기기

"그러므로 사랑하는 자들아 너희가 이것을
미리 알았은즉 무법한 자들의 미혹에 이끌려
너희가 굳센 데서 떨어질까 삼가라
오직 우리 주 곧 구주 예수 그리스도의 은혜와
그를 아는 지식에서 자라 가라
영광이 이제와 영원한 날까지 그에게 있을지어다."

(벧후 3:17-18)

　　중남부 전화회사 전화번호부에 이러한 광고가 실렸다. "닳아 없어지기 위해 태어난…사랑스러운 전화번호부입니다. 그것에 밑줄을 긋고, 내용에는 동그라미를 치고, 여백에는 글씨를 쓰고, 페이지 모서리를 접으세요. 당신이 그것을 사용하면 할수록, 그것은 더 가치 있게 됩니다."

　　만일 그것이 전화번호부에 해당이 된다면, 정말이지 하나님의 말씀에는 훨씬 더 해당이 된다는 것을 생각하라!

많은 사람이 매년 자신들의 성경에 해설을 써넣음으로써 그것을 "개인적인" 것으로 만들어 왔다. 몇몇 사람들은 자신들의 낡은 성경이 떨어져 나가고 있을지라도 그것을 새로운 성경으로 바꾸는 것을 생각하기란 쉽지 않다. 왜냐하면 그들은 여러 해 동안 자신들이 공부했고 소중히 여겼던 페이지들에서 그러한 지혜, 위로 그리고 능력을 발견했기 때문이다.

1953년부터 1962년까지 시카고에 있는 무디교회의 목사였던 앨런 레드패스(Alan Redpath)는 매년 신자들에게 그들의 성경을 "결딴나게 하라"고 조언했다. 그의 의도는 그것들을 계속 사용하여 낡아지게 하라는 것이었다. 나는 언젠가 한 교회 게시판에서 이런 메시지를 본 적이 있다. "낡아서 떨어져 나가고 있는 성경은 대개 낡아서 떨어져 나가고 있지 않은 사람이 소지합니다." 이것은 타당한 말이다.

나는 대부분의 신자가 성경을 읽고 공부하는 것은 할 만한 좋은 일이라고 말하는 것을 상상해 본다. 실제로, 미국에 있는 모든 그리스도인 가족들은 최소한 한 권의 성경을 가지고 있다. 성경은 매년 반복적으로 베스트셀러 책이다…그러나 아마도 여전히 가장 읽히지 않는 책 중의 하나일 것이다. 성경을 읽지 않는 이유는 무엇인가? 그 대답은 인간적인 차원과 영적인 차원 두 가지 모두를 가지고 있다.

성경공부를 방해하는 것들

인간적인 관점에서 볼 때, 삶의 분주함으로 인해 우리는 성경을 가까이하지 못할 수 있다. 때때로 우리는 우리의 영적 건강과 책임성에 관한 한 게으를 수 있다. 그리고 때때로 우리는 그저 성경공부가 실제로 얼마나 중요한지를 이해하지 못하기도 한다.

영적인 관점에서 볼 때, 우리의 삶 속에 있는 죄로 인해 우리는 말씀을 읽으면서 시간을 보내지 못할 수 있다. 우리는 하나님을 아는 지식에 대한 우리의 영적 욕구를 잃을 수 있다. 어두움의 세력들은 우리가 하나님의 진리를 공부하지 못하도록 가능한 모든 것을 하고 있다. 우리의 시간을 다 써버리게 하는 활동은 무엇이나 그렇게 할 것이다. 그것은 악하다고 할 필요는 없지만, 정확히 우리를 짓누르고 우리의 시간을 빼앗는 것이기는 하다.

우리는 "교회에 가는 것으로 충분하지 않나요? 성경을 읽고 공부하는 것은 목회자들과 주일학교 교사들이 하는 것이 아닌가요?"라고 물을지도 모른다. 그것은 목회자들과 교사들이 해야 하는 일의 중요한 부분이라는 것은 맞지만, 그것은 또한 교회 회중 안에 있는 모든 사람이 해야 하는 것이다. 알리스테어 베그(Alistair Begg) 목사는, 목사로서의 자신의 일은 단지 양들을 먹이는 것이 아니라 그들에게 요리하는 것을 가르치는 것이라고 말한 적이 있다.

성경을 읽고 공부하는 것을 통해 하나님의 진리를 배우는 것은 하나님이 우리에게 원하시는 것이다. 우리가 이미 참고 구절로 인용한 바 있는 다음의 구절들을 숙고해보라.

> 베뢰아에 있는 사람들은 데살로니가에 있는 사람들보다 더 너그러워서 간절한 마음으로 말씀을 받고 이것이 그러한가 하여 날마다 성경을 상고하므로. (행 17:11)

> 무엇이든지 전에 기록된 바는 우리의 교훈을 위하여 기록된 것이니. (롬 15:4)

> 너는 진리의 말씀을 옳게 분별하며 부끄러울 것이 없는 일꾼으로 인정된 자로 자신을 하나님 앞에 드리기를 힘쓰라. (딤후 2:15)

우리는 이런 구절들을 대할 때 자극을 받고 성경을 읽어야 한다. 하나님의 뜻은 하나님의 백성과 함께 정기적으로 모여서 예배하고 기도하는 것, 믿음과 순종의 삶을 사는 것, 주님을 섬기고 그분의 복음을 전하는 것을 포함한다고 신자들은 대개 동의한다. 그러나 성경을 공부하는 것도 하나님의 뜻이라고 덧붙여 말하는 사람은 얼마나 되는가? 이것은 선택적인가? 아니면 필수적인가?

사도 베드로는 자신의 두 번째 편지를 마칠 때 신자들에게 "오직 우리 주 곧 구주 예수 그리스도의 은혜와 그를 아는 지식에서 자라 가라"(벧후 3:18)고 강하게 촉구했는데, 그것은 그분의 말씀을 아는 것과 함께 시작된다.

하나님의 진리를 아는 지식에서 자라가는 신자들은 말씀을 공부하 겠다는 의도적인 결정을 내렸다. 성경에 관해 많이 알고 있는 그 사람 들을 찾아서 그들에게 그들 자신의 공부 습관에 관해 물어보라. 그런 다음, 그들의 모범을 따르라. 우리는 모두 동일하게 하루에 24시간을 받는다. 여러분은 아침에 일찍 일어나거나 저녁에 텔레비전 프로 한두 개를 시청하지 않는 것을 고려해야 할지도 모른다. 적은 시간이라도 성 경공부에 바치고 그 추구가 여러분의 삶에서 규칙적인 습관이 되면 시 간을 늘려라.

마치 음식을 먹는 것처럼, 성경을 공부하는 것은 평생의 활동이다. 우리는 결코 우리가 하나님의 말씀에 관해 알아야 할 모든 것을 배워서 [더 이상 배우는 일을] 그만둘 수 있는 지점에 이르지 못할 것이다. 우리 의 몸이 매일 음식을 필요로 하듯이, 우리의 영도 매일 하나님의 말씀을 필요로 한다.

여러분의 공부 시간을 기도의 문제로 만드는 것은 지혜롭다. 우리는 많은 것에 관하여 기도하며, 이 주제는 하나님께도 중요하다. 하나님 이 여러분으로 하여금 하나님의 말씀을 배우도록 우리가 가지고 있는 온갖 편의를 지닌 이 때에 태어나게 하신 것은 우연이 아니다. 매일 여 러분의 성경공부에 관해 기도하라. 왜냐하면 "정직한 자의 기도는 그 [하나님]가 기뻐하시"기 때문이다(잠 15:8).

우리의 대적 마귀는 우리로 하여금 하나님의 뜻에 순종하지 못하도록 그가 할 수 있는 모든 것을 한다. 하나님은 우리에게 복을 주시기를 원하며, 마귀는 우리를 파괴하기를 원한다. 만일 신자로서 우리가 우리의 성경공부를 하지 않는다면, 그것은 그 당시에는 우리에게 대수롭지 않은 것처럼 보일지도 모른다. 그러나 어두움의 세력들은 축하하면서 우리를 공격할 새로운 방법들을 계획하고 있다고 우리는 확신할 수 있다.

누가는 예수님이 광야에서 사탄의 유혹을 물리치셨을 때 이렇게 말한다. "마귀가 모든 시험을 다 한 후에 얼마 동안 떠나니라"(눅 4:13). 마귀는 아주 잠깐만 우리를 떠난다. 마귀는 우리에게 효과적인 것을 찾을 때까지 언제나 다른 유혹거리를 가지고 돌아온다. 사탄은 그리스도인들이 규칙적으로 성경과 함께 하는 시간을 갖지 않는다면 약해지며 그리스도에 대해서 무력하게 된다는 것을 알고 있다. 그러나 우리가 하나님의 말씀을 먹고 살면서 하나님과 함께 우리의 시간을 향유하는 한, 기도와 성령의 검인 하나님의 말씀으로 우리는 우리 영혼의 이 원수를 물리칠 수 있다.

하나님의 선하심

하나님의 선하심을 생각하면, 우리는 감동을 받고 하나님의 말씀을 공부하지 않을 수 없게 된다. 하나님의 선하심은 우리의 삶에서 다양한 방식으로 드러난다.

로마 황제 디오클레시안(Diocletian)은 자신의 통치기간 동안 그리스도인들을 박해했다. 기원후 303년에 그는 성경을 몰수하여 불태우라고 명령했다. 많은 성경이 소실되었다. 오늘날 기독교 신앙에 적대적인 나라들에서는 단지 성경을 소유하는 것만으로도 범죄행위이다. 우리나라[미국]에서는 이러한 방해물이 없다. 여러분은 지금까지 우리나라[미국]에서 성경이 합법적이며 그래서 자유롭게 우리의 수중에 넣을 수 있는 복을 곰곰 생각해 본 적이 있는가?

성경은 또한 우리의 언어[영에로도 이용할 수 있다. 국제성서공회에 따르면, 지금까지 성경이나 그것의 일부가 세상의 6,500개의 언어 가운데 약 2,500개의 언어로 번역이 되었다. 언어권의 대다수 사람이 결코 자신들의 언어로 성경 및 예수 그리스도에 관한 그것의 생명을 주는 말씀을 읽어보지 못했다. 아직도 수많은 사람이 결코 그 복된 이름을 들어본 적이 없다는 것은 슬픈 현실이다.

성경을 허용하는 몇몇 나라들에서 한 권의 성경을 원하는 모든 사람을 위한 인쇄된 성경이 충분하지 않다. 많은 곳에서 신자들은 성경을 공유한다. 그러므로 그들은 각각 말씀을 잠시 읽는다. 다른 곳들에서는 성경을 가지고 있는 신자는 그냥 한 그룹의 목사가 되도록 요청을 받을지도 모른다. 왜냐하면 그 밖의 다른 사람들은 말씀에 접근할 수 없기 때문이다.

우리가 예배할 때 성경이 없는 상태로 예배하는 어려움을 상상해 보라. 성경을 가르치는 사람으로서 내가 가지고 있는 큰 기쁨 중 하나는 "함께 성경을 폅시다"라고 말하는 것이다. 하나님의 선하심으로 인해 우리는 세계 곳곳에 있는 많은 동료 그리스도인이 겪고 있는 제약을 받고 있지 않다. 우리는 감사하면서 그리고 성실하게 성경을 공부함으로써 이 복들을 인정해야 한다.

수년간, 나는 성경을 사랑하고 성경을 부지런히 공부하는 것의 모범이 되어 온 하나님의 사람들-목사들과 선교사들-에 의해 복을 받았다. 나는 또한 나에게 영향을 주었던 교회 회중들 안에 있는 사람들에게 감사한다. 그 중 세 사람에 대해 말하려고 한다.

1. 엘리너의 모범

지금은 주님과 함께 있지만 품위 있고 연세가 지극했던 미망인 엘리너(Eleanor)는 주님의 말씀을 가르치는 것을 듣기 위해 매주 다양한 교회 예배와 가정 성경공부반에 참석했다. 성경에 관한 한, 그녀는 젊은이의 에너지를 가지고 있는 것처럼 보였다. 성경은 그녀 인생의 책이었다. 우리는 대화를 나눌 때마다 언제나 마지막에는 하나님의 말씀에 관해 이야기하게 되었다.

나는 카세트테이프에 담긴 여러 편의 성경 설교를 전해주기 위해 그녀의 집을 방문했던 것을 결코 잊지 못할 것이다. 그녀는 개인적으로 마가복음을 공부하고 있다고 말했고 자신이 공부하면서 사용하고 있던 6권의 성경 주석서들을 나에게 보여주었다. 나는 그녀가 개인적으로 공부하는 일에 그렇게 많은 노력을 기울인 것에 놀랐지만, 그녀는 하나님의 말씀을 배우는 것에 진지했다. 그때 나는 하나님의 말씀을 사랑하는 것이 무엇을 의미하는지 여전히 배우고 있었고, 엘리너의 모범을 통해 나는 성경에 대한 그와 같은 활력과 자극을 원하게 되었다.

2. 글을 읽을 수 없었던 어떤 남자의 모범

아주 잠깐 나를 스쳐 지나갔던 나보다 더 나이든 어떤 신사가 영속적인 인상을 남겼다. 그는 키가 작은 사람으로 내가 참석하던 가정 성경공부반에 잠시 참석했다. 그는 예스러운 멋이 있고 말투가 부드러운 남자였는데, 언제나 정장을 입고 넥타이를 맸다. 토론을 하는 동안, 그는 성경에 관해 많은 것을 알고 있다는 것이 분명했다.

어느 날 밤, 교사는 그에게 한 구절을 큰 소리로 읽어달라고 요청했다. 그는 고개를 숙인 채로 주저하다가 자신은 글을 읽을 줄을 모른다고 말했다. 나는 놀랐고 다른 사람들도 그랬을 것이라고 확신한다. 글을 읽는 기술이 부족한 사람이 어떻게 성경에 관해 그렇게 많은 것을 알고 있었을까? 분명, 그는 다른 사람들이 성경을 가르치는 것을 귀를 기울여 듣되 많이 들었을 것이다.

이 남자가 문맹의 장애를 극복하고 더욱이 성경을 배웠다는 사실로 인해 나는 감명을 받았다. 사람들이 하나님의 말씀을 배우기로 결심할 때, 하나님은 그들에게 필요한 도움을 주실 것이다.

3. 애미의 모범

세 번째 사람은 한 아내이자 집에 있는 어머니로 그녀의 이름은 애미

(Amy)였다. 어린 세 자녀를 둔 그 어머니가 성경을 공부할 시간을 얻기 위해 갈 곳은 어디인가?

이 어려운 문제에 더하여, 애미는 십대 이후로 법률상 앞을 보지 못하는 사람이었다. 시간적인 제약이 분명하고 또한 부분적으로 앞을 보지 못하는 장애가 있는 사람이 그럼에도 성경을 공부할 수 있을까? 그 대답은 그렇다 이다. 그렇게 하려면 하나님의 말씀에 대한 많은 결심과 사랑을 필요로 하지만 말이다.

애미는 아주 잘 보이는 확대경을 사용하여 자녀 중 둘은 학교에 가고 막내는 낮잠을 자는 동안에 한 시간 내내-때로는 한 시간 반 동안-성경을 공부한다. 그것은 하나님이 그녀에게 제공해 주신 말씀 묵상 시간이다.

이 세 신자의 모범은 나를 고무한다. 그리고 나는 하나님이 여러분에게 모범의 역할을 하도록 여러분의 삶에도 비슷한 사람들을 주셨다고 생각한다. 시도 비울은 이렇게 말했다. "내가 그리스도를 본받는 자가 된 것 같이 너희는 나를 본받는 자가 되라"(고전 11:1). 그는 이렇게도 썼다. "형제들아 너희는 함께 나를 본받으라 그리고 너희가 우리를 본받은 것처럼 그와 같이 행하는 자들을 눈여겨보라"(빌 3:17). 여러분의 삶 가운데 있는 이런 사람들을 존중하라. 여러분이 그들 안에서 보는 좋은 점을 본받아라. 하나님이 여러분의 삶 속으로 그들을 보내주신 것에 감사하라. 그들을 알므로 인해 여러분이 더 나은 그리스도인이 되도록 기도하라.

마리아와 마르다

우리는 결론 부분에 이르렀다. 이제 베다니의 마리아와 마르다의 삶을 숙고해보자. 마리아는 예수님에게 가르침을 받기를 바라는 사람에 대한 탁월한 성경의 모범이다. 마리아는 성경에 나올 때마다 예수님 앞에 무릎을 꿇고 있다. 요한복음 11장을 보면, 그녀는 예수님의 발 앞에 엎드려서 슬퍼한다. 요한복음 12장을 보면, 그녀는 예수님의 발 앞에 무릎을 꿇고 경배한다. 누가복음 10장을 보면, 그녀는 예수님의 발치에 앉아 진리를 배운다. 예배자인 마리아는 자기 영혼을 예수님이 먹이시기를 원한다. 그녀의 언니 마르다는 일꾼으로서 예수님을 먹이시기를 원한다.

마리아와 마르다는 예수님을 자기 집으로 영접했다. 마르다는 좋은 의도를 가지고 그 귀하신 손님을 위해 음식을 준비할 방책을 강구했다. 마리아는 이제 그 이야기 속으로 등장한다. "그에게 마리아라 하는 동생이 있어 주의 발치에 앉아 그의 말씀을 듣더니"(눅 10:39). 마르다는 부엌에서 음식을 요리하고 있었고, 마리아는 거실에서 예수님에게 배우고 있었다. 마르다는 마리아가 자기 일을 돕지 않는 것에 짜증이 났고 주님의 이야기에 끼어들면서 이렇게 말했다. "주여 내 동생이 나 혼자 일하게 두는 것을 생각하지 아니하시나이까 그를 명하사 나를 도와주라 하소서"(눅 10:40).

예수님은 자신의 신적 지혜로 그 상황을 파악하셨고 마르다는 그녀의 우선적인 일에 악영향을 준 불필요한 걱정으로 가득 차 있다고 말씀하셨다. 그녀가 걱정하는 것들은 실제로는 중요한 것이 아니었다. 예수님은 마르다에게 이렇게 말씀하셨다. "한 가지만이라도 족하니라 마리아는 이 좋은 편을 택하였으니 빼앗기지 아니하리라"(눅 10:42).

예수님은 마리아가 좋은 것, 즉 하나님의 말씀을 배우는 것을 택한 것에 대하여 극구 칭찬하셨다. 성경 주석가 캠벨 모건(G. Campbell Morgan)은 이것을 "단 하나의 최고로 필요한 것"이라고 부른다.

마리아의 경험은 화육하신 그리스도께 가르침을 받는 경험이었다. 우리들 각자는 하나님의 놀라운 말씀을 공부하는 것을 통해 부활하신 그리스도께 가르침을 받는 복, 곧 그분의 성령의 능력에 의해 가르침을 받는 복을 경험할 수 있다.

> 오직 우리 주 곧 구주 예수 그리스도의 은혜와 그를 아는 지식에서 자라 가라 영광이 이제와 영원한 날까지 그에게 있을지어다. (벧후 3:18)

성경을 어떻게 공부할 것인가

·**초판 1쇄 발행** 2022년 10월 12일

·**지은이** 로버트 M. 웨스트
·**옮긴이** 박민희
·**펴낸이** 민상기
·**편집장** 이숙희
·**펴낸곳** 도서출판 드림북
·**인쇄소** 예림인쇄 **제책** 예림바운딩
·**총판** 하늘유통

·**등록번호** 제 65 호 **등록일자** 2002. 11. 25.
·경기도 양주시 광적면 부흥로 847, 양주테크노시티 220호
·Tel (031)829-7722, Fax(031)829-7723